Der Autor

Karl Gengenbach

Vier Freunde, Edgar, Alfons, Kalle und Benno treffen sich regelmäßig beim Stammtisch. Eines haben die Vier gemeinsam – Zeit. Nun wollen sie sich einen lange gehegten Wunsch erfüllen. Einmal den Fernwanderweg (Westweg) von Pforzheim nach Basel zu wandern. Dabei erleben sie lustige und kuriose Abenteuer.

Edgar ist ein frühpensionierter Lehrer, 50 Jahre alt, verheiratet und hat 2 Kinder. Edgar ist eine lange Bohnenstange, 190 cm groß.

Alfons ist ein Techniker im Vorruhestand, 55 Jahre alt, geschieden und hat 2 Kinder. Alfons ist untersetzt, 175 cm groß.

Kalle ist ein Buchhalter, 65 Jahre alt, ledig und Rentner. Kalle ist untersetzt, 173 cm groß.

Benno ist ein Künstler, freiberuflich tätig, 50 Jahre alt und 3-mal geschieden. Benno ist klein und misst nur 165 cm.

Teufelskanzel und Hexenbrunnen

Der Weg nach Basel
Eine satirische Reise
von Karl Gengenbach

Herstellung und Verlag: Books on Demand GmbH, Norderstedt
ISBN 978-3-8448-2913-6

1. Etappe Pforzheim - Dobel

Vier Freunde, Edgar, Alfons, Kalle und Benno, alle im Ruhestand, trafen sich regelmäßig am Stammtisch. Diese Treffen wurden mit der Zeit immer langweiliger. Also beschlossen die Vier, etwas dagegen zu unternehmen.

Eines hatten die Vier gemeinsam – viel Zeit. Nun wollten sie aus der Routine ausbrechen und einmal etwas Sinnvolles tun. Sie wollten den Fernwanderweg von Pforzheim nach Basel in 2 Wochen durchwandern. Körperlich waren alle noch in guter Verfassung. Hier gab es also keine Bedenken. Kalle, der Älteste der Vier, erzählt uns hier ihre Erlebnisse.

*****

Nachdem wir alle notwendigen Vorbereitungen getroffen hatten begannen wir an einem Montagmorgen um 8 Uhr die erste Etappe in Pforzheim. Am Kupferhammer, beim Zusammenfluss von Nagold und Würm begann der Westweg. Aber erst mal mussten wir vom Bahnhof dahin kommen.

Mit den vielen Buslinien im Busbahnhof-Mitte kamen wir nicht klar. Also beschlossen wir, bereits am Bahnhof mit der Wanderung zu beginnen. Wir hatten ausgezeichnete Wanderkarten dabei, so dass nichts schiefgehen konnte.

Zuerst überquerten wir die Fußgängerampel und gingen dann den **Schlossberg** hinunter. Bei der **Michaeliskirche** ging es dann – die Treppenstufen hinab – zur Fußgängerzone. Wir kamen am **„Pforzemer Seckel"** vorbei und gingen quer über den Marktplatz, unter dem neuen Rathaus hindurch, über die **Guernika-Brücke.** *Die Brücke ist ein bekannter Fußgängersteg der Stadthalle, Rathaus und Stadtbücherei miteinander verbindet.*

Das Kongresszentrum CCP ließen wir links liegen und überquerten auf dem **Nonnenmühlsteg** die Enz. Vorbei an der **Herz-Jesu-Kirche,** der schönsten Kirche Pforzheims, führte unser Weg über die Goldmeile am Kanal **(Metzelgraben)** entlang zur Jahnstraße. *Der Metzelgraben ist ein Kanal in der Pforzheimer Innenstadt. Er wird auf Höhe des Kupferdächles am südlichen Ende des Stadtgartens der Nagold abgeleitet und mündet bei der Herz-Jesu-Kirche in die Enz. Damit gibt es zwei Zusammenflüsse von Nagold* *und Enz. Einmal bei der Herz-Jesu-Kirche und das zweite mal nach der Auerbrücke.*

Nach Überquerung der Jahnstraße erreichten wir das **Schmuckmuseum.** Leider blieb für einen Besuch dieses bekannten Museums keine Zeit und wir gingen weiter an der Nagold entlang bis zum Stadtgarten.

Als wir den Stadtgarten betraten wehte uns ein übler Geruch entgegen. Es stank nach Schei….. War ich etwa in einen Hundehaufen getreten? Ich überprüfte sofort meine Wanderstiefel. Da war nichts. Auch meine Freunde schauten ihre Sohlen an, aber keiner war der Schuldige. Da sah ich, dass in den Blumenbeeten neue Erde eingebracht worden war. Die Erde war dunkel, fast schwarz und stammte sicher aus der Kläranlage. Da hatten wir die Ursache für den Gestank.

Selbst **Bismarck**, der **Eiserne Kanzler**, den wir passierten, hatte seinen Säbel losgelassen und hielt sich die Nase zu. Alfons, der keine Ahnung hatte, fragte: >>wer das wohl ist?<< Edgar, verärgert über soviel Unkenntnis sagte ironisch: >>hau ihm einfach die Nase ab, dann kannst du es morgen in der Zeitung lesen.<< Benno wollte die Situation entschärfen und meinte: >>das ist Bismarck.<< Alfons:

>>und was stellt der vor?<< Benno verärgert: >>den linken Fuß.<<

Dann passierten wir den **Goldschmieds-brunnen** und überquerten die Nagold auf der **Kallhardt-Brücke** (Früher Hindenburg-brücke). Nachdem wir auch noch die **Kup-ferhammer-Brücke** überquert hatten erreich-ten wir das Gasthaus Kupferhammer. *Der Name Kupferhammer stammt von einem Hammerwerk das im 17. Jahrhundert hier Erz verarbeitete.* Nun gingen wir eine kleine Anhöhe hinauf und standen vor dem Golde-nen Tor, dem Eingang zum Westweg nach Basel.

Auf der linken Seite, etwas den Hang hi-nauf, war das **Auerbach Denkmal**. Eigent-lich war es nur ein Gedenkstein. Hier hatte einst ein großer Findling herumgelegen und man wusste nicht wohin damit. Da hat man einfach den Namen Ludwig Auerbach darauf gemeißelt und schon hatte man ein Denkmal.

Wir standen also vor dem **Goldenen Tor**. Jetzt war die letzte Möglichkeit noch umzu-kehren und die Wanderung abzubrechen. Entschlossen ging ich die kleine Treppe hi-nauf und trat durch das Tor. Meine Kamera-den folgten mir. Jetzt gab es kein Zurück mehr. Wir hatten unsere Wanderung offiziell begonnen. Warum die meisten Wanderwege aber mit einer Steigung beginnen, war mir ein Rätsel. Ich sagte: »auf Jungs, jetzt geht's los.« Da fing Alfons an zu singen:

Jetzt geht's los, jetzt geht's los,
jetzt geht's los äm sit-ze
Mädle streck dei Füß in`d Höh,
dann muß i net so schwit-ze.

Ich dachte, das wird bestimmt einen lustige Wanderung. Da der Westweg durchgehend durch eine Rote Raute markiert ist, fanden wir uns schnell zurecht. Für die erste Etappe von Pforzheim nach Dobel mit einer Streckenlänge von ca. 24 km hatten wir 4 Stunden eingeplant. Wir wollten Dobel also noch am Vormittag erreichen. Inzwischen war aber bereits 1 Stunde vergangen und wir hatten die erste Etappe noch nicht mal angefangen.

Nun wollten wir flott losmarschieren, aber es ging zunächst mal steil bergauf. Edgar, der die längsten Beine hatte, ging voraus. Dann folgten Alfons und ich. Ganz am Ende, schon mit einigem Abstand, kam Benno, der

Kleinste. Für einen Schritt von Edgar brauchte Benno drei. Benno hatte zwei Wanderstöcke dabei. Allerdings war der einen Stock zu kurz und der andere zu lang. Benno hatte unsere fragenden Blicke bemerkt und erklärte: >>den kurzen Stock brauche ich, wenn es bergauf geht und den langen, wenn es bergab geht.<< Lachend gingen wir weiter.

Nach einer halben Stunde erreichten wir die Burgruine **Hoheneck**. *Die Burg ist eine Ruine auf dem Hämmerlesberg. Die Höhenburg aus dem 13. Jahrhundert war im Besitz des Nix von Hoheneck. Es sind nur noch überwachsene Fundamentreste des Bergfrieds zu sehen.* Da sahen wir auch schon den ersten Lichtblick. Das **Landgasthaus Hoheneck.**

Eigentlich war es ja schon Zeit für einen Frühschoppen. Aber das Gasthaus öffnete erst um 11 Uhr. Sollten wir solange warten oder weitergehen? Schließlich entschlossen wir uns - schweren Herzens – zum Weitergehen.

Benno drehte sich noch einige Male verzweifelt um, aber im Gasthaus rührte sich nichts. Als wir am Sendemast vorbeikamen erreichten wir die Kleingartenanlage auf dem

Rücken des **Hämmerlesberges**. Nachdem wir diese durchquert hatten ging es steile Treppen hinunter zum Ludwigsplatz in **Dillweißenstein**. Edgar mit seinen langen Beinen wie immer voraus. Dann Alfons, danach ich. Benno, der Kleinste keuchte hinterher. Mitleidig fragte ich: >>gehen wir etwa zu schnell, Benno?<< >>Nein<<, keuchte Benno, >>ihr nicht aber ich.<<

Jetzt mischte sich auch noch Edgar ein und meinte: >>mir macht das nichts aus. Ich war schon als Kind sehr intelligent. Ich konnte schon mit 6 Monaten laufen.<< >>Intelligent nennst du das?<< keuchte Benno, >>ich habe mich mit 3 Jahren noch tragen lassen.<<

Ein Blick auf die Wanderkarte sagte uns, wir lagen immer noch richtig. Nun mussten wir nur noch die **Steinerne Brücke** überqueren, dann konnten wir hinter der Brücke links den Fuß- und Radweg entlang der Nagold benutzen. *Die Brücke wurde als Ersatz für einen Holzsteg gebaut. Dieser war bei Hochwasser jedesmal weggerissen worden. Die Steinerne Brücke ist die älteste Brücke in Pforzheim.*

Als wir den Pavillon passierten wehte uns ein übler Gestank nach Urin und Fäkalien entgegen. Der Pavillon, eigentlich zum Rasten gedacht, lud uns nicht gerade ein. Nach etwa 100 Metern ging es plötzlich steil bergauf. Nach überqueren des Bahnüberganges gingen wir an der Friedhofsmauer entlang weiter bis zum **Sonnenberg.**

Die **Sonnenberg-Wirtschaft** war sehr verlockend und nun konnten wir Benno nicht mehr zurückhalten. Die Gaststätte hatte schon geöffnet und Benno hatte Lust auf ein Hähnchen. Zu Benno muss ich eines bemerken: er hatte an jedem Essen etwas auszusetzen. Egal, wo wir waren, Benno meckerte immer über das Essen.

Benno bestellte also das Hähnchen, wir anderen wollten nur etwas trinken. Meine Kameraden bestellten alle Radler. Ich sagte: >>ich hätte auch gerne ein Radler, aber in einem sauberen Glas.<< Kurz danach brachte der Wirt die Getränke und fragte: >>wer war der Herr mit dem sauberen Glas?<<

Dann stellte er vor Benno ohne Worte eine Schale mit Zitronenwasser ab. Benno guckte ratlos: >>hat einer von euch Zitronenwasser bestellt?<< Wir schüttelten alle den Kopf. >>Und, was ist das hier?<< fragte Benno. >>Frag doch mal den Wirt<<, sagte ich. Benno winkte den Wirt an unseren Tisch und schaute fragend auf die Schale: >>wozu ist das?<< >>Zum Händewaschen<<, antwortete der Wirt und ging davon. Edgar zu Benno: >>siehst du, wer dumm fragt kriegt eine dumme Antwort.<<

Bevor Benno beleidigt war, kam auch schon sein Hähnchen. Benno nahm einen Bissen, verzog das Gesicht und schüttelte den Kopf: >>des kann ma net esse!<< Dann verputzte er das ganze Hähnchen und auch den letzten Pommes. Auf seinem Teller blieben nur noch die abgenagten Knochen übrig.

Nach der Pause gingen wir weiter, durch die Straßenunterführung, in den Wald. Bald erreichten wir den **Aussichtsturm** in **Büchenbronn** und schließlich den **Tornadostein**. *Auf diesem Sandsteinblock erfahren wir, dass 1968 ein Tornado eine riesige Waldfläche vernichtet hat.*

Nun kamen wir auf einem Forstweg gerade hinunter zum **Unteren Enzsteg** und gingen einige Kilometer der Enz entlang bis wir den **Oberen Enzsteg** erreichten.

Auf dem Weg konnten wir uns etwas erholen und uns unterhalten. Benno prahlte: >>meine neue Freundin findet mich unheimlich intelligent und gutaussehend.<< >>Mann<<, meinte Edgar, >>das geht schief, wenn die schon am Anfang so faustdick lügt.<< Jetzt war Benno eingeschnappt und er fragte Alfons: >>warum hast du dich eigentlich scheiden lassen?<< Alfons: >>an einem Samstagabend wurden die Lottozahlen gezogen. Meine Frau schrieb die Zahlen mit und rief: wir haben alles richtig Alfons, soll ich den Schein am Montag abgeben?<< Benno nickte verständnisvoll.

Nun erzählte Edgar: >>meine Frau ist ziemlich sauer. Ich habe ihr versprochen, nach einer Woche eine Karte zu schreiben.<< >>Na und?<< meinte ich, >>die Woche ist doch noch nicht um?<< >>Ja schon<<, meinte Edgar, >>aber sie hat die Karte bereits vor unserer Abreise in meiner Jackentasche gefunden.<<

Nun gestand Benno: >>ich habe euch angelogen, meine Freundin spricht nicht mehr mit mir.<< >>Warum denn das?<< fragte ich. Benno: >>sie hat mich um 100 Euro für den Schönheitssalon gebeten und ich wollte großzügig sein und gab ihr 500.<<

Nun schauten die Drei mich an und meinten, wie ist es mit dir, du hast doch keine Frau? >>Einmal suchte ich eine Frau<<, sagte ich, »ich inserierte in der Tageszeitung „Suche Frau". Am nächsten Tag bekam ich 500 Zuschriften, alle mit demselben Wortlaut „Kannst meine haben".«

Nun gingen wir weiter den Hang hinab bis wir den Parkplatz **Grösselbachtal** erreichten.

Über die Trittsteine überquerten wir den Bach und kamen auf dem **Pionierweg** an der **Eberhard-Essich-Hütte**, einer besonders solide gebauten Schutzhütte, vorbei. Hier machten wir Rast. Benno hatte schon wieder Hunger und fragte was es gibt? Der Wirt war ein Spaßvogel und empfahl uns: »Weinbergschnecken, Froschschenkel, Garnelen?« Benno: »eigentlich wollten wir vespern und nicht das ganze Ungeziefer wegfressen.«

Nun einigten wir uns alle auf eine Bockwurst. Kaum hatten wir unsere Bockwurst auf dem Tisch, meckerte Benno schon wieder: »sind in der Bockwurst auch bestimmt keine Salmonellen?« »Natürlich nicht«, meinte der Wirt, »schauen Sie, die Wurst ist doch an jedem Ende zugebunden.« Doch Benno war noch nicht fertig: »die Zipfel stören mich auch.« Wirt: »aber jede Wurst hat doch zwei davon.« »Ja«, meinte Benno, »aber die sind so dicht beieinander.«

Endlich fing Benno an zu essen, nahm den ersten Bissen, verzog das Gesicht und meinte: >>des kann ma net esse.<< Dann verputzte er die ganze Wurst und auch die von Edgar dem inzwischen schlecht geworden war.

Auf dem Tisch stand ein Körbchen mit frischen Brötchen. Die waren kostenlos. Ein Service des Hüttenwirtes. Der Wirt kam heran und sagte zu Benno: >>nehmen sie ruhig noch ein Brötchen, die kosten nichts.<< >>Nein danke<<, meinte Benno, >>ich habe schon drei gegessen.<< >>Gegessen haben Sie vier<<, meinte der Wirt, >>aber wer wird schon nachzählen.<<

Nach der Vesperpause gingen wir weiter oberhalb der Enz entlang, hinter der Eisenbahnbrücke die Stufen hinauf zum **Windhof-Sattel** zwischen **Schlossberg** und **Angelstein.** Bald darauf erreichten wir **Neuenbürg.** Die Einwohner von Neuenbürg werden im Volksmund **„Pflasterscheißer"** genannt. Diese Bezeichnung stammt von dem Kopfsteinpflaster, das überall vorhanden war. Auch auf den steilen Wegen hinauf zur alten Burg.

Hoch über der Stadt, auf dem Schlossberg stehen noch die Reste der einstigen **Burg**

Neuenbürg. Gegenüber, auf der anderen Seite der Enz, findet man heute noch die Überreste der **Waldenburg**, die auch **Wolkenburg** genannt wurde. Einst, so erzählt man sich, gab es zwischen diesen beiden Burgen einen unterirdischen Gang, der unter der Enz durchführte. Dieser Gang sei jedoch verschüttet und für alle Zeiten unzugänglich. Edgar erzählte uns eine Legende. Die Legende der schönen Enzjungfer:

Von der schönen Enzjungfer erzählt man, dass sie einen unterirdischen Schatz hüte, der in dem verschütteten Gang liegt. Ein Wanderer, der in der Nacht auf der Wolkenburg eine kurze Rast eingelegt hatte, hörte sie dort singen. Von der Waldenburg sieht man sie nachts umher wandeln und ihr Weg führt über die Schößleinsbrücke bis in das alte Schloss, welches vor den Ruinen der alten Burg Neuenbürg steht. Dort im Schlosspark soll man nachts auch ein helles Licht sehen, das bis hinunter an die Enz gelangt und dort im Wasser verlöscht. Begleitet wird es vom Klang aufeinandertreffender Schwerter. Bei diesem Licht handle es sich um die armen Seelen zweier Ritter, die einst um die Gunst der schönen Jungfrau kämpften. Der Kampf soll sehr lange gedauert haben und beide bis hinunter an die Enz geführt haben. Dort seinen die Ritter, schwer verletzt, jämmerlich ertrunken. Dies ist vielleicht der Grund, warum die Jungfer nachts umher wandelt. Schon etliche Recken haben versucht, die Jungfer zu erlösen, aber es ist keinem gelungen.

Dann erzählte Edgar die Geschichte von einem Birkenfelder, der ebenfalls versuchte, die schöne Jungfrau zu erlösen, aber auch ihm gelang es nicht:

Der Birkenfelder verweilte am Ufer der Enz, genau an der Stelle, an der die Ritter ertranken. Da sah er einen wunderschönen, weißen Schwan herbei schwimmen. Weil ihm der Schwan so gefiel, warf er dem edlen Tier drei Brocken von seinem Brot zu. Da geschah ein Wunder. Der Schwan verwandelte sich in einen kleinen Kahn aus leuchtendem Gold und in diesem Kahn saß die Enzjungfer. Sie sprach mit lieblicher Stimme zu dem Mann und sagte zu ihm, dass er in der folgenden Nacht zur Geisterstunde hinauf auf das alte Schloss gehen solle. Dort würde er einen

Stein finden, den er auf die Seite rücken solle. Darunter befinde sich eine Treppe, die in ein unterirdisches Gemach führe. In diesem Gemach würde er einen guten Fund machen. Er tat, wie ihm geheißen und ging zur Mitternacht auf das Schloss. Er fand auch den Stein und rückte ihn mit viel Mühe zur Seite. Darunter befand sich eine lange Treppe, die zu einem Gemach führte.

An der Wand hing ein schauerliches Menschengerippe an einem Halseisen. Bei dem Gerippe befand sich ein Topf und darin drei alte Kirschkerne. Das war dem Mann aber zu wenig und er ging wieder nach Hause. Ein Bekannter, dem er alles erzählte, riet ihm, die Kerne doch zu holen. Sie seien bestimmt aus purem Gold. Der Sage nach würden sich die Kerne in drei Schlüssel verwandeln, wenn man sie aufnimmt. Mit diesen Schlüsseln könne man eine Tür in dem Gemach öffnen. Darin befinde sich der Schatz und damit wäre auch die Jungfer erlöst. Darauf kehrte der Mann auf das Schloss zurück. Solange er aber auch suchte, den Stein mit dem Eingang fand er nie wieder. Deshalb wandelt die Jungfrau noch immer dort in Neuenbürg an den Ufern der Enz.

Nach diesem langen Vortrag hatten wir keine Zeit mehr für einen Besuch des Bergwerkes **Frischglück**. Das hätte unsere Tour um 5 Kilometer verlängert. *Das Eisenbergwerk, zwischen Neuenbürg und Waldrennach gelegen, ist für Besucher zugänglich. Schon Kelten und Römer haben hier nach Erz gegraben und daraus Eisen geschmolzen.*

Am Marktplatz in **Neuenbürg** konnten wir uns neu orientieren. Über die **Hirschbrücke** folgten wir nun der Alten Pforzheimer Straße und erreichten endlich wieder den Wald. Nun folgten wir dem Fuß- und Radweg den Berg hinauf zum **Schwanner Schützenhaus** und gingen weiter am Waldrand entlang.

Am Wegesrand machte ein Jogger Liegestütze. Benno blieb einige Zeit stehen, schaute ihm zu und meinte: »geben Sie sich keinen Mühe, junger Mann, die Dame ist längst weg.« Wir ließen den verwirrten Jogger zurück und gingen weiter.

Alfons bemerkte: »mein Opa ist schon 95 Jahre alt und joggt jeden Morgen 4 Kilometer.« Edgar war schwer beeindruckt und fragte: »und was macht er am Nachmittag?« Alfons: »da macht er sich auf den Heimweg.«

Bald darauf erreichten wir den Aussichtsturm **Schwanner Warte**.

Der Aussichtsturm Schwanner Warte, vom Schwarzwaldverein Straubenhardt errichtet, bietet einen schönen Ausblick über die Berge bis zur Rheinebene, den Vogesen und dem Pfälzer Wald. Hier verläuft die Schwäbisch-Badische Grenze.

Bei der **Friedenslinde** überquerten wir die Landstraße und kamen direkt zum Landgasthof **Adlerhof**. Inzwischen waren wir hungrig und sehr durstig. Also mehr durstig als hungrig. Einer Pause stand also nichts im Wege.

Wir betraten die Gaststube und nahmen an einem leeren Tisch Platz. Eine Kellnerin kam herbei und wollte unsere Bestellung aufnehmen. Natürlich war Benno wieder der erste, der den Mund aufmachte: >>ich hätte gerne Tomatensuppe, Rührei mit Spinat und als Nachspeise Kirschtorte.<< Die Kellnerin verwundert: >>aber sie haben ja unsere Speisekarte noch nicht gesehen?<< >>Stimmt<<, meinte Benno, >>aber ihr Tischtuch.<<

Schließlich einigten wir uns auf das Tagesessen. Bis auf Benno. Der bestellte einen Rostbraten. Bald kam das Essen. Bennos Rostbraten roch herrlich, dazu bekam er noch

Rösti und frischen Salat. Benno nahm den ersten Bissen, verzog das Gesicht, schüttelte den Kopf und meinte: >>des kann ma net esse.<< Dann verputzte er alles bis zum letzten Salatblatt.

Scherzhaft meinte ich: >>weißt du, was du gerade gegessen hast?<< Benno: >>dumme Frage, natürlich Rostbraten.<< >>Falsch mein Lieber<<, sagte ich, >>das war Rossbraten, alles vom Pferd.<< Nun mischte sich auch noch Edgar ein: >>Kalle hat recht, ich habe hinter dem Haus einen ganzen Berg von Hufeisen gesehen.<< Das war natürlich gelogen. Benno bemerkte spitzfindig: >>ach, was du nicht sagst? Und wie war das mit eurem Apfelmus als Nachspeise?<<

Bevor wir wieder aufbrachen setzte sich der Wirt an unseren Tisch und erzählte uns die Legende vom **Mutesheer**:

Das Mutesheer ist der Teufel mit seinem ganzen Gesinde, mit Hexen und bösen Geistern. Diese ziehen zu gewissen Zeiten umher und fahren brausend durch die Luft. Vor dem Heer geht aber ein Mann her, der die Leute warnt und mit lauter Stimme ruft: „aus dem Weg, dass niemand was g`scheh.“ Man hört *den Ruf immer schon von Weitem und muss sich dann mit dem Gesicht auf die Erde werfen. So ist man sicher. So machte es auch einmal ein Mann in der Gegend von Calw, als er das Mutesheer übers Feld kommen hörte. Er warf sich nieder und ließ das Heer über sich hinweg ziehen, wobei er ein seltsames Katzen- und Hundegeschrei und eine grelle Musik vernahm. Als das Heer vorbei war, ging er ihm nach und sah, wie der ganze Haufen in eine Scheuer zog. Da schlich er sich hin, guckte durch einen Spalt in der Tür und sah eine ganze Hexenversammlung. Diese erstatteten dem Teufel Bericht, was jede einzelne getan hatte, worauf sie dann neue Aufträge erhielten. Darauf tanzten die Hexen und aßen und tranken, wobei sie die Hufe von Pferden, Kühen und Schweinen als Gläser benutzten. Eine alte Hexe kam zu spät zur Versammlung. Dafür wurde sie tüchtig ausgescholten und musste nun als Lichthalter dienen. Man stellte sie auf den Kopf und auf ihre beiden Fußsohlen zwei Lichter. Nun erhoben die Hexen ein unbändiges Gelächter und machten sonst noch allerlei Wüstes.*

Nach der Mittagspause gingen wir weiter auf dem Forstweg und kamen am Naturschutzgebiet **Herzogswiesen** vorbei. *Die Herzogswiesen werden auch Schwanner oder Dennacher Schluchten genannt. Sie sind eine Wiesengruppe zwischen* **Dennach** *und* **Schwann**. Nun blieben wir stets auf dem Forstweg bis wir den **Dreimarkstein** erreichten. Der typische Forstweg mit zwei Spuren, in der Mitte mit leichter Erhebung, teilweise mit Gras bewachsen, sollte uns im Verlauf unserer Wanderung immer wieder begegnen. Der Weg weist eine Wölbung auf, so dass das Regenwasser gut in die beiden Gräben abfließen kann. Der Wanderer ist aber gezwungen häufig die Seiten zu wechseln, da vom letzten Regen kleinere und größere Pfützen auftauchen.

Diese Forstwege, eigentlich als Wanderwege markiert, sind eher für Radfahrer geeignet. Während unserer Wanderung sahen wir selten andere Wanderer aber immer mehr Mountainbiker. Wir mussten immer wieder die Ohren offen halten, um die Radler auf dem Schotter rechtzeitig zu hören und auf die Seite zu springen.

Das wurde immer lästiger, besonders wenn wir nebeneinander gingen, um uns zu unterhalten. Auch auf den wenigen Fußwegen kamen immer wieder Radler von vorn und von hinten.

Wir gingen am Grillplatz vorbei, überquerten die Straße und kamen auf den **Hüttwaldweg.** Diesem folgten wir und kamen – am Unterstand vorbei – zum **Großen Volzemer Stein**, einer Felsformation aus riesigen, bis zu 10 Meter hohen, Sandsteinblöcken. Wir gingen an den beeindruckenden Felsen vorbei. In den ausgewaschenen Felsnischen hingen lange Ranken von Efeu herunter. Selbst die Bäume waren bemoost.

Wir folgten weiter dem breiten Forstweg und kamen – am Ortsrand von **Dobel** – an einer Pferdekoppel vorbei. Ich deutete vielsagend auf die Pferdekoppel und sagte nur ein Wort: >>Rossbraten.<< Hinter der Pferdekoppel ging es über die Wiesen bis zur Ortsmitte von Dobel. Beim Wegweiser „**Altes Schulhaus**" war das Etappenende. Wir hatten unser erstes Etappenziel erreicht und nun brauchten wir nur noch eine geeignete Unterkunft. Wir entschieden uns für ein altes Gasthaus mit Fremdenzimmern.

Benno jammerte: >>meine Füße sind eingeschlafen, ich kann gar nicht mehr laufen.<<

Edgar kommentierte: >>so wie die riechen, sind sie schon längst tot.<<

Nachdem wir uns erstmal frisch gemacht hatten gingen wir hinunter in die Gaststube um zu essen. Edgar und Alfons waren mit einem Schnitzel zufrieden. Ich hatte mal wieder Lust auf einen Rostbraten. Benno entschied sich für eine Schlachtplatte, also Leberwurst, Griebenwurst, Kesselfleisch und Kraut. Benno bekam auch als erster sein Essen. Es duftete herrlich und ich bedauerte schon, dass ich was anderes bestellt hatte.

Benno nahm den ersten Bissen, verzog das Gesicht, schüttelte den Kopf und meinte: >>des kann ma net esse.<< Anschließend räumte er die ganze Platte ab und verlangte auch noch Nachschlag vom Kraut. Inzwischen herrschte Hochbetrieb im Gasthaus und ich wartete immer noch auf meinen Rostbraten.

Nach gefühlten zwei Stunden stellte mir die Bedienung einen Teller mit Suppe hin. Stirnrunzelnd schaute ich auf meinen Teller: >>Fräulein, ich hatte einen Rostbraten bestellt und keine Suppe.<< >>Das habe ich gern<<, meinte die flotte Bedienung, >>erst stundenlang hier herumsitzen und dann noch meckern.<< Dann ging sie einfach davon und ich löffelte wortlos meine Suppe.

Am Abend saßen wir zusammen und tranken einige Viertel Wein. Der Wirt kam an den Tisch und fragte: >>meine Herren, wie schmeckt ihnen unser Wein?<< >>Ausgezeichnet<<, lobte Edgar, >>da läuft einem geradezu das Wasser im Munde zusammen.<<

Alfons ließ sich ein Glas nach dem anderen munden. Nach jedem Viertel sagte er: **„Staatlichgeprüfterstädtischerspritzenwagenschlauchhinundherschlenkerermeister."** Der Wirt fragte ihn verwundert, was das bedeutet? Alfons: >>solange ich das noch aussprechen kann, ohne mit der Zunge anzustoßen, kann ich noch ein Viertel vertragen.<< Benno fragte neugierig: >>und was bedeutet das Wort?<< Alfons: >>Feuerwehrmann.<<

Nun wandte ich mich an den Wirt und fragte nach einem Wecker. Der Wirt: >>bei uns wird man morgens vom Gockel geweckt.<< Ich sagte: >>gut, dann stellen Sie ihn auf halb Zehn.<<

Zu fortgeschrittener Stunde fing Alfons plötzlich an zu singen:

Uff'm Dach hockt an Frosch on bleckt Zeh, fliegt ronner, bricht`s Kreuz on isch he.

Ich überlegte, warum er plötzlich dieses Lied sang. Dann sah ich über der Tür ein Podest und dort saß ein großer grüner Frosch aus Steingut. Alfons hatte die ganze Zeit auf den Frosch geblickt.

Am Dienstagmorgen ging es uns nicht so gut. Wir hatten wohl die erste Etappe unterschätzt. Deshalb wollten wir erstmal im Gasthaus bleiben und einen zünftigen Frühschoppen machen. Die 2. Etappe war mit 26,5 km doch etwas länger und ein Ruhetag war angebracht.

Alfons hatte sich am Vortag einen Wolf geholt. Ich fragte ihn: >>und, haben dir die Zäpfchen heute Nacht geholfen?<< >>Eigentlich ganz gut<<, meinte Alfons, >>aber das nächste Mal hätte ich gerne mit Erdbeergeschmack.<<

Nun fragte auch Benno: >>na, geht's dir wieder gut?<< >>Gut nicht, aber besser<<, meinte Alfons. >>Ist doch gut, dass es dir besser geht<<, sagte Benno. >>Aber besser wäre, wenn es mir gut ginge<<, meinte Alfons.

Nun sagte Alfons zu mir: >>ich habe gehört, wenn man in die Wanderschuhe rein pinkelt bekommt man keine Wasserblasen.<< >>Mag sein<<, sagte ich, >>aber ich kaufe mir die Schuhe immer in der richtigen Größe, dann brauche ich nicht rein zu pinkeln. Das solltest du auch tun.<< Alfons: >>guter Rat, aber leider zu spät.<<

Das Frühstück war nicht schlecht, aber der Kaffee schmeckte doch etwas seltsam. Diesmal meckerte Edgar: >>Fräulein, ist das Kaffee oder Tee, was sie da gebracht haben?<< Die Bedienung fragend: >>wonach schmeckt es denn?<< Edgar: >>nach Spülwasser.<< >>Dann ist es Kakau<<, meinte die Bedienung und ging weg.

Nach einem ausgiebigen Frühschoppen blieben wir gleich zum Mittagessen. Am Nachmittag legten wir uns alle hin und den Abend verbrachten wir im Gasthaus.

Zu fortgeschrittener Stunde bemerkte ich am Nebentisch einen betrunkenen Gast, der mit dem Kopf auf dem Tisch schlief. Ich rief den Wirt herbei, deutete auf den Schlafenden und fragte: >>he Wirt, warum werfen sie den Kerl nicht raus. Der blockiert ihnen doch den ganzen Tisch?<< Der Wirt lachte: >>ich bin doch nicht blöd, ich habe den Kerl schon 3-mal geweckt und er hat jedesmal seine Rechnung bezahlt.<<

Inzwischen hatte ich einen anderen Tisch im Auge. Da turtelte ein amerikanischer Soldat mit einem Mädchen aus dem Ort. Mit der deutschen Sprache hatte er aber noch Probleme. Er sah sie an und sagte: >>wenn ich dir die Unschuld raube, bin ich dann ein Rauberer?<< >>Nein<<, sagte sie lachend, >>dann bist du ein Zauberer.<<

Benno hatte vor einer Stunde etwas zum Essen bestellt. Inzwischen dauerte es ihm zu lange und er rief die Bedienung an den Tisch: >>Fräulein, wenn ich nicht bald mein Essen bekomme, gehe ich in die Küche und setze andere Maßstäbe. Das können Sie dem Koch ausrichten.<< Die Bedienung ging in die Küche, um die Botschaft zu überbringen. Nach wenigen Sekunden öffnete sich die Küchentür und darunter stand ein Mann in einer weißen Schürze. Der Mann war ziemlich massig und wog bestimmt an die drei Zentner. In der Hand hielt er ein langes, scharfes Messer. Er rief in die Gaststube: >>wer ist der Herr mit den anderen Maßstäben?<< Benno wurde immer kleiner und versank fast in seinem Stuhl.

Es herrschte plötzlich Stille in der Gaststube. Der Koch warf nochmal einen strengen Blick in die Runde und kehrte in seine Küche zurück. Benno wartete nun geduldig auf sein Essen und war für den Rest des Abends ziemlich kleinlaut.

2. Etappe Dobel - Forbach

Am Mittwoch ging es uns nicht besser, eher schlechter. Nun mussten wir den inneren Schweinehund überwinden, sonst kamen wir nie bis Basel. Also schnürten wir unsere Wanderstiefel und machten uns nach dem Frühstück auf den Weg.

Am Ausgang erwartete uns der Gastwirt und sagte: >>ich hoffe, es hat Ihnen in unserem Haus gut gefallen und Sie waren mit der Bedienung zufrieden, meine Herren.<< Alfons: >>na ja, es geht. Ihr Hausmädchen war ziemlich schlampig. Heute Morgen standen meine Schuhe verkehrt vor der Tür, so dass ich die Beine übereinanderschlagen musste, um richtig hineinzukommen.<< Der Wirt musste lachen, er hielt das wohl für einen Witz.

Nun verließen wir das Gasthaus und machten uns auf den Weg. Der Wirt schaute uns kopfschüttelnd nach, er musste wohl noch über Alfons Beschwerde nachdenken.

Wir kamen an der Schule vorbei und Alfons fragte: >>warum haben die ihre Schule hier auf den Berg gebaut?<< Edgar ironisch: >>damit sie mal später sagen können, wir

waren auf einer höheren Schule.« Alfons
schaute ihn nur ungläubig an.

Während wir vor uns hin trotteten erzählte
Edgar eine Legende: **„das bucklige Männlein in Langenalb".**

*Zu einem Bauern in Langenalb kam meh-
rere Abende hintereinander ein kleines buck-
liges Männlein in den Stall oder in die
Scheuer und bat ihn, es zu erlösen. Wenn der
Bauer zu einem bestimmten Platz käme, solle
er einen dort sitzenden Pudel mit feurigen
Augen verjagen. Sollte er aber Angst haben,
dürfe er ruhig zwei Knechte mitnehmen. An
der Stelle, an der der Pudel sitze, sei viel
Gold vergraben, das würde dann dem Bauer
gehören. Der Bauer ging zu der angesagten
Stelle und sah tatsächlich dort den Pudel sitzen. Er bekam es aber mit der Angst zu tun
und ging wieder heim. Am nächsten Abend
kam das Männlein wieder zu ihm und weinte.
Es sagte, es lebe jetzt niemand mehr, der es
erlösen könne. Jetzt müsse es warten, bis in
der Markung der erste Kirschkern auf die
Erde falle. Aus diesem Kirschkern wachse ein
Baum und aus dem Baum werde eine Wiege
gemacht. Das erste Kind, das dann in die*

Wiege käme, könne das Männlein erst wieder erlösen.

Von der Ortsmitte aus kamen wir nun zum **Portal Sonnentor** und gingen weiter hinauf zum **Wasserturm.** Alfons, gut gelaunt, begann zu singen:

Heit sann ma wieder kreizfideldidel,
heit isch de Arsch länger wie de Kiddel,
heit san ma wieder kreizfideldidel,
heit san ma wieder feeesch.

Zum Glück wurde es nun immer steiler und er hörte von alleine auf. Er brauchte nun die Luft zum schnaufen.

Auf der Höhenstraße gingen wir bis zum Waldrand und erreichten den Forstweg. Diesem folgten wir bis zur Waldlichtung an der **Ziegelhütte**. Dann folgten wir dem Weg weiter, vorbei am **Stierkopf** und kamen bald zum **Weithäusleplatz**. Von dort aus folgten wir dem **Hahnenfalzweg** bis zur **Schweizerkopfhütte.**

Hier legten wir eine Pause ein und betraten die Gaststube. Unter einem Tisch lag reglos ein Gast. Alfons deutete auf ihn und meinte zum Wirt: >>geben sie mir bitte dasselbe.<< Der Wirt verstand Spaß und stellte Alfons ein Glas Wasser hin. Alfons dachte es sei Kirschwasser und leerte das Glas in einem Zug. Dabei verschluckte er sich so sehr, dass er fast erstickte. Erst nach zwei Gläsern Bier konnte er wieder richtig durchatmen.

Am Nebentisch saß ein Mann vor einer großen Flasche Wein. Ich hielt ihn für einen Franzosen und sagte vorwurfsvoll: >>jährlich sterben 40000 Franzosen durch Alkohol.<< Der Mann nahm einen kräftigen Schluck aus der Flasche und sagte: >>ich bin Spanier.<<

Nach einer Stunde machten wir uns wieder auf den Weg. Die Etappe war ja noch nicht geschafft.

Nun wurde der Weg immer steiniger. Eigentlich war es nur noch ein Pfad. Über eine steile Schotterhalde ging es weiter. In der Ferne sahen wir einige Rehe. Vorsichtig gingen wir weiter und pirschten uns leise heran. Wir wollten die Rehe ja nicht erschrecken. Plötzlich trat ich einen Stein los, der mit Gepolter den Abhang hinunter kullerte. Zum Glück blieb ich auf den Beinen. Aber ich ärgerte mich, dass ich nun die Rehe verscheucht hatte. Doch die waren überhaupt nicht beeindruckt und ästen weiter. Erst als wir näher kamen und die Fluchtdistanz überschritten, schreckten sie auf und waren mit einigen Sätzen im Wald verschwunden.

Wir dachten schon, wir wären falsch abgebogen, aber dann erreichten wir doch den **Langmarktskopf**. *Der Langmarktskopf ist ein Berg im Nordschwarzwald, direkt neben der Teufelsmühle. Unterhalb des Gipfels befindet sich die Langmarktskopfhütte. Von hier aus hat man seit dem Orkan Lothar einen herrlichen Blick nach Süden und Westen. An klaren Tagen kann man das gesamte Murgtal bis zur Hornisgrinde überblicken.*

An der **Langmarktskopfhütte** war der Westweg plötzlich verschwunden. In der Hütte konnten wir sicher nach dem weiteren Verlauf des Weges fragen. Also betraten wir die Hütte. Die Gaststube war voller Qualm. Alle Gäste rauchten. Hier war wohl ein Raucherseminar. Wir setzten uns und ich zündete mir auch eine Zigarre an. Sofort kam der Wirt herbei, deutete auf ein Schild an der Wand „Rauchen verboten" und meinte: >>können Sie nicht lesen?<< >>Unmöglich<<, sagte ich, >>bei diesem Qualm?<< Nach einer halben Stunde hielten wir es nicht mehr aus und stolperten ins Freie. Leider hatten wir vergessen, warum wir eigentlich in der Hütte waren. Wir wollten doch nach dem Westweg fragen.

Ein Wegweiser mit gelber Raute wies den Weg Richtung **Kreuzlehütte, Kaltenbronn** und **Forbach**. Ein weiterer Wegweiser mit gelber/blauer Raute wies Richtung **Teufelsmühle** und **Gernsbach**. Ratlos sahen wir uns um. Auf einem größeren Schild mit roter Raute entdeckten wir den Hinweis „Umleitung". Das war wohl die neue Markierung. Mutig folgten wir dem Hinweisschild bergab und entdeckten auf einem Baumstumpf eine rote Raute. Wir waren also richtig unterwegs. Und tatsächlich, nach einer Weile erreichten wir schließlich die **Kreuzlehütte.**

Wahrscheinlich hatte ein Waldbesitzer über die Wanderer gemeckert oder ein Jäger bekam kein Wild mehr vor die Flinte. Deshalb wurde die Wegeführung geändert. Vielleicht wird die Streckenführung des Westweges aber auch deshalb geändert, weil inzwischen durch Wald- und Forstwirtschaft ganze Abschnitte des ursprünglichen Weges zerstört wurden.

Inzwischen war Vesperzeit und wir kehrten ein. Benno hatte schon wieder Hunger und studierte gleich die Karte: >>was bedeutet eigentlich nach Art des Hauses?<< >>Wie zu Hause<<, brummte Alfons, >>entweder ist das Essen versalzen oder angebrannt.<<

Wir entschieden uns für einen Vesperteller, das ging schnell und war einfach. Nach 10 Minuten bekamen wir auch schon unser Essen. Auf den Tellern war alles, was zu einer zünftigen Brotzeit gehört. Verschiedene Wurstsorten, Käse, Schinken, Gurken und Tomaten. Benno nahm die erste Gabel, verzog das Gesicht, schüttelte den Kopf und meinte: >>des kann ma net esse.<< Dann verputze er die ganze Platte bis zum letzten Gürkchen und lehnte sich satt zurück.

Nun gingen wir endlich weiter und wieder den Berg hinab bis wir das **Wildgehege** erreichten. Wir gingen am Zaun entlang bis zum Hotel **Sarbacher** in **Kaltenbronn**. *Im Hochmoor Kaltenbronn finden wir den großen und kleinen Wildsee, den Hornsee und den Hohlohsee. „Dort oben ist es immer einen Kittel kälter", heißt es im Volksmund. Hier gibt es auch nur zwei Jahreszeiten. 6 Monate ist es kalt und 6 Monate ist es sehr kalt.* Beim Hotel **Sarbacher** fanden wir nun den Rad- und Fußweg, der parallel zur Straße verläuft.

Plötzlich kam ein Mountainbiker von hinten angesaust, rief „Gomäänk" und brauste an uns vorbei. Ich sprang erschrocken zur Seite und rätselte herum, was das Wort wohl bedeuten konnte. Dann kam ich zum Schluss, es hieß wohl „Guten Morgen".

Über den **Wildsee** beim **Hohloh** erzählte uns Edgar zwei Geschichten:

Im Wildsee beim Hohloh gab es Seefräulein, die oft nach Wildbad in die Spinnstuben kamen. Sie waren aber, sagt man, sehr schüchtern. Sobald sich ihnen ein Mensch näherte, sprangen sie gleich wieder in den See. Gewöhnlich sind sie nur bis zur Stierhütte gekommen, die eine halbe Stunde vom See entfernt liegt. Sonst konnte man die Seefräulein nur auf der Wasserfläche sehen und singen hören.

Dieser Wildsee ist unergründlich tief. Herzog Karl wollte einmal seine Tiefe messen lassen. Er ließ eine Bleikugel an einem viele Hundert Ellen langen Faden in den See hinunter, doch man fand keinen Grund. Als die

Kugel wieder heraufgezogen wurde, war ein Zettel daran geheftet, auf dem stand: „ergründest du mich, so ersäufe ich dich." Der Herzog soll darauf mit seinem Gefolge schnell von dannen geeilt sein.

Am **Kaltenbach** entlang wanderten wir weiter. Wir kamen an einem Angler vorbei, der direkt am Fluss auf einem Klappstühlchen saß. Ich ging zu ihm hin und sagte: >>passen Sie auf, gleich wird einer beißen.<< >>Glaube ich nicht<<, sagte der Angler über die Schulter, >>ich sitze schon zwei Stunden hier, ohne Erfolg.<< >>Das mag ja sein<<, meinte ich, >>aber seit zwei Minuten sitzt ein Bullenbeißer hinter ihnen.<<

Nun gingen wir weiter den Bach entlang. Plötzlich sahen wir eine Kuh bis zum Bauch im Wasser stehend. Sie schien das sogar zu genießen. >>Warum die wohl im Wasser steht?<< fragte Alfons. >>Ist doch klar<<, meinte Benno, >>damit die Milch nicht sauer wird.<<

Bald kamen wir an einer Kuhweide vorbei, auf der mehrere Kühe weideten. Eines der Rindviecher lag direkt am Weg faul auf dem Bauch. Benno nahm seinen Hut ab und setzte ihn der Kuh auf den Kopf. Dann machte er ein Foto. Der Kuh schien das nichts auszumachen. Nun wurde Alfons mutig und setzte sich rittlings auf die Kuh. Diese hatte jedoch etwas dagegen, rappelte sich hoch und flüchtete. Alfons flog in hohem Bogen ins Gras. Zum Glück verletzte er sich dabei nicht, aber schmerzhaft war es trotzdem.

Edgar kommentierte trocken: >>du bist ein Glückspilz, die meisten brechen sich dabei beide Beine.<< Noch mehr schmerzte Alfons aber unser Gelächter und unsere Sticheleien, die er sich nun für die nächsten Stunden anhören musste.

Gut gelaunt gingen wir nun weiter und erreichten bald den **Hohlohsee**. Der See war inmitten eines weiten Hochmoors. Edgar schwärmte: >>ist das nicht märchenhaft schön?<< >>Finde ich nicht<<, meinte Benno, >>nimm den Wald weg, dann die Berge und den See und es ist genauso wie daheim.<<

Auf einem Brettersteg durchquerten wir das Moor. Ein Abweichen vom Steg ist nicht erlaubt und auch nicht ratsam. Mit Schauergeschichten über Moorleichen, von denen nur noch eine Hand aus dem Wasser ragt, überzeugte uns Edgar, auf dem offiziellen Weg zu bleiben.

Nachdem wir das Hochmoor verlassen hatten sahen wir am Wegesrand eine Tafel. Darauf stand: „Wir bieten Frieden und Abgeschiedenheit. Der Weg zu uns ist nur für Esel passierbar. Deshalb werden Sie sich bei uns wie zu Hause fühlen."

Tatsächlich wurden früher hier Essen und Getränke in Körben per Esel auf den Berg gebracht. Begleitet wurde der Esel meistens von einem jungen Burschen. Der war aber manchmal zu faul und ließ den Esel allein hochtraben. Holzfäller wussten das, hielten den Esel an und bedienten sich aus den Körben. Kam der Esel dann mit leeren Körben auf dem Berg an, wusste man sofort, dass im Wald Holzfäller arbeiteten. Diese zahlten allerdings später für die gelieferte Ware.

Auf einer langweiligen Forststraße konnten wir uns etwas entspannen. Aber dann ging es an den steilen Anstieg. In kurzen Serpentinen, die kein Ende nehmen wollten, kämpften wir uns direkt hinauf zum **Kaiser-Wilhelm-Turm (Hohlohturm).** *Der Turm wurde auf dem höchsten Punkt des Kaltenbronn vom*

Schwarzwaldverein errichtet. Der Blick vom Turm reicht von der Hornisgrinde und den Vogesen bis zur Schwäbischen Alb und dem Odenwald. Bei besonders guter Sicht kann man den Feldberg und die Schweizer Alpen erkennen.

Ich hatte meinen Rucksack schwer bepackt und er zog mich nach hinten. Plötzlich saß ich in einer Fichtenschonung und schaute dumm aus der Wäsche. Keiner half mir auf und ich musste mich selbst hochrappeln. Dann keuchte ich den anderen hinterher, die inzwischen die Schutzhütte erreicht hatten.

Die Schutzhütte bei dem Turm war besonders luxuriös ausgestattet. Wie lange diese Hütte dem Vandalismus von Jugendlichen standhalten würde war fraglich, denn nur wenige Schritte entfernt führt die Landstraße Gernsbach-Wildbad vorbei.

Nach dem Aufstieg meinte Edgar begeistert: »ich habe gehört, Wandern verlängert das Leben.« »Stimmt«, sagte ich, »nach diesem Aufstieg fühle ich mich schon um 20 Jahre älter.«

Der listig dreinblickende Turmwart begrüßte uns schon von weitem. Als wir den Eintritt für die Turmbesteigung zahlen wollten, fragte er mich: >>wie viel wiegen Sie? Der Eintritt geht nach Gewicht und 1 Kilo kostet 10 Cent.<< In Gedanken zählte ich meine 90 Kilo zusammen und kam auf 9 Euro. Das war mir der Aufstieg nicht wert. Der Turmwart bemerkte mein erstauntes Gesicht und sagte lachend: >>das war natürlich ein Scherz. Gebt mir jeder 1 Euro, dann könnt ihr hinauf.<< Unter heftigem Geschnaufe stiegen wir hinauf auf die Aussichtsplattform. In der luftigen Höhe genossen wir den Rundblick über den Schwarzwald. Das Panorama war überwältigend. Edgar meinte: >>und ich Trottel habe das Glas vergessen.>> Alfons: >>nicht so schlimm, dann trinken wir eben aus der Flasche.<< Inzwischen machten sich auch unsere Mägen lautstark bemerkbar und wir legten eine Pause ein.

Edgar ließ sich nicht durcheinander bringen und knipste mit der Kamera wie wild, was er nur finden konnte. Da sahen wir einen Künstler mit einer Staffelei. Wir blieben stehen und schauten eine Weile zu. Da meinte Edgar: >>seht ihr, so geht es euch, wenn ihr den Fotoapparat daheimgelassen habt.<<

Bevor wir wieder hinabstiegen blickte Edgar noch einmal in die Runde und meinte: >>dort liegt die **Hornisgrinde,** dort die **Zugspitze** und dort die **Vogesen.**<< Dabei deutete er mit dem Zeigefinger in die jeweilige Richtung. Alfons, dem das so langsam auf die Nerven ging, meinte trocken: >>und wo liegt mein Rucksack?<<

Am **Hohloh-Turm** beeindruckte uns die für den Nordschwarzwald typische Landschaftsplanung. Riesige Parkplätze, die den winterlichen Ansturm von Skifahrern, vor allem Langläufern, bewältigen sollten.

Nach dem Turm kamen wir auf die **alte Weinstraße** und folgten dieser bis zur **Prinzenhütte.** Hier wollten wir kurz Rast machen. Inzwischen war es fast Mittag aber wir hatten noch keinen Hunger.

Als wir die Hütte betraten, erlebten wir eine Enttäuschung. Überall lagen Rucksäcke und Wanderstöcke kreuz und quer herum. Dazwischen jede Menge Wanderer. Hier ging es zu, wie in einem Bienenstock. Mit der sogenannten Hüttengemütlichkeit hatte das nichts mehr zu tun. Deshalb entschieden wir uns nur für einen Kaffee.

Auf dem Tisch stand ein Körbchen mit runden Kuchenstücken. Benno probierte ein Stück und spuckte aus: >>in dem Kuchen ist ja viel zu viel Salz.<< Edgar betrachtete das Stück genauer und meinte: >>kein Wunder Benno, das sind ja Frikadellen.<< Benno hatte inzwischen eine Serviette in der Hand und fing an zu meckern: >>he Wirt, die Serviette ist dreckig.<< Der Hüttenwirt eilte geschäftig herbei, faltete die Serviette auseinander, drehte sie um und faltete sie wieder zusammen. Dann meinte er zu Benno: >>sehen Sie, da haben wir es, die Serviette war nur falsch zusammengefaltet.<< Und schon eilte er wieder davon.

Nach der Hütte gingen wir auf einem Forstweg hinab. Bei einer Schutzhütte bog der Waldweg scharf ab. Ein altes Kräuterweiblein kam uns entgegen. Da wir nicht sicher waren, welcher Weg für den Abstieg der beste wäre fragten wir das Weiblein. Sie empfahl uns einen leichten Pfad. Der leichte Pfad entpuppte sich jedoch als felsiger steiler Hasenpfad. Ich fragte mich, wie viele Wanderer die Alte schon auf diese Art gelinkt hatte. Dann fiel mir Regel Nummer eins ein: frag nie einen Einheimischen.

Wir nahmen den steil abwärts führenden Pfad und kamen durch Serpentinen auf eine Ebene. Während wir hinabkletterten hörten wir von oben ein keifendes Lachen. Hier führte der Weg direkt bis zur Kante des **Latschigfelsens.**

Edgar blieb plötzlich stehen und starrte nach oben. Andere Wanderer blieben auch stehen und schauten in den Himmel. Ich schaute ebenfalls nach oben und fragte Edgar: >>was gibt`s denn da zu sehen?<< Edgar: >>gar nichts, ich habe nur Nasenbluten.<<

Ein anderer Wanderer, der sich in Sagen und Legenden gut auskannte, gab hier eine Sage zum Besten:

Die Sage von Berthold von Gausbach. Ihm stieß auf seinem Nachhauseweg von Forbach nach Gausbach etwas seltsames zu. Von einem Wesen mit feurigen Augen und Hörnern am Kopf wurde er an der alten Holzbrücke in eine Pferdekutsche gezerrt, die ihn schnell auf den Latschigfelsen brachte. In stockdunkler Nacht musste er allein den Weg durch den dichten Tannenwald zurück nach Gausbach suchen. Natürlich glaubte ihm keiner. Vielleicht hatte er auch einfach zu viel Most ge-

trunken. Trotzdem wurde die Geschichte vom feurigen Teufelchen zur Legende und von dem Elsässer Künstler Thiery Gangloff wurde die kleine Teufel-Stele in Stein gemeißelt. Von dem Platz mit dem kleinen Teufelchen führt der Weg direkt zum Latschig.

Nun erzählte er noch eine weitere Legende vom Gausbacher Mayer-Ernst:

Auf dem Heimweg durch den dunklen furchterregenden Wald wurde der Gausbacher Mayer-Ernst von einem kleinen schwarzen Männlein überfallen. Mit Angst und Schrecken entkam er dem kleinen schwarzen Teufel in der dunklen Nacht. Zuhause stellte er zu seinem Schrecken fest, dass das Männlein seine neu gekauften Schuhe, die er auf dem Rücken transportierte, in Kuhglocken verwandelt hatte. Der Künstler Rüdiger Seidt meißelte die Kuhglocke aus hiesigem Sandstein. Die zu Stein erstarrte Glocke erinnert an die schwere Last des ängstlichen Mayer-Ernst auf seinem nächtlichen Heimweg.

Hier sahen wir auch den Höhenunterschied, hinab nach **Forbach**. Die Murg hatte hier einen felsigen Canyon, stellenweise 800 Meter tief, in den Schwarzwald gegraben.

Über die **Murg** und das **Murgtal** wusste Edgar auch eine Geschichte:

Nach einer plötzlichen Schneeschmelze hatte die Murg in kurzer Zeit Hochwasser. Die Wasserwehren rückten wegen der Dammbruchgefahr sofort aus. Da sahen die Männer der Oberndorfer Wasserwehr jenseits der Murg ein feuriges Pferd in der Luft. Zwei mutige Männer bestiegen ein Boot und wagten die Überfahrt. Kaum waren sie aber am anderen Ufer angelangt, verschwand das feurige Pferd. Nach kurzer Zeit bemerkten sie einige brennende Lichtlein, die aber bald verlöschten. An der Stelle, wo sie die Lichtlein sahen, brach der Damm. Sie erzählten im ganzen Dorf, was sie gesehen hatten. Da wollte niemand mehr diese Strecke bewachen. In den folgenden Jahren brach jedesmal gerade an dieser Stelle der Damm.

Nun bogen wir in den Weg zum **Murgtal** ein. Uns erwartete ein Abstieg von 800 Metern. Tiefhängende Wolken und Nebelfetzen zogen aus dem Tal herauf. Wir zogen vorsichtshalber unsere Regenklamotten über.

Wenigstens der Weg war angenehm für die Füße. Die Wegewarte hatten durch den Einbau von Serpentinen das Gefälle entschärft. Also stolperten wir die Serpentinen hinab zum **Holzkreuz** – der 5. Station des Kreuzweges und weiter hinab ins **Kauersbachtal** bis zum **Hexenbrunnen**.

Hier konnten wir im frischen Quellwasser unseren Durst stillen. Das Wasser war eiskalt und wir bekamen lange Zähne. Inzwischen hing der Himmel grau und schwer bis auf die Wiesen herab. Zum Glück klarte es kurze Zeit später etwas auf und wir konnten die ungeliebten Regenklamotten wieder ausziehen.

Inzwischen hatten wir bei unserer Wanderung auch eine typische Erfahrung gemacht. In den Höhenlagen gibt es keine Brunnen oder Quellen. Deshalb füllten wir unsere Trinkflaschen am Hexenbrunnen. Eine kleine Hexe, die gemütlich auf ihrem Brunnen lag, schien uns dabei auszulachen. Ich fragte einen anderen Wanderer, der ebenfalls seine Flasche füllte: >>kann man das Wasser überhaupt trinken?<< Der Wanderer, ein Schwabe, antwortete verschmitzt: >>die oinen vertragen`s. die anderen halt net.<<

>>Was meint ihr, wie viele Kilometer es noch bis **Forbach** sind?<< fragte Benno. >>Dreieinhalb<<, sagte ich. >>Das hast du vor einer Stunde auch schon gesagt<<, protestierte Benno. >>Na, glaubst du, ich ändere so schnell meine Meinung?<< sagte ich.

Am **Hexenbrunnen** ging es nun wieder steil bergauf. Auch hier hatte Edgar eine Legende parat:

Einst trieben in Gausbach Geister ihr Unwesen. Hier in der Ringwiese sollen sich Geister und Hexen zum Tanz getroffen haben. In alten Büchern wird der Name Ringwiese als „Ring tanzender Hexen" ausgelegt. Der Künstler Rüdiger Seidt war auch hier tätig. Er gab dem Platz durch einen überdimensionalen, eisernen Hexenbesen auf einem riesigen Granitstein seine eigentliche Bedeutung zurück. Ganz in der Nähe plätschert ein kleiner Bach durch die Wiesen und eine kleine Hexe auf dem Hexenbrunnen bietet frisches Quellwasser an.

Nun kamen wir durch Streuobstwiesen und an schönen alten Bauernhöfen vorbei. Dann ging es wieder querfeldein über steile Wiesen und durch einen Hohlweg und endlich sahen wir im Tal **Forbach**, unser Ziel. Edgar, der Vorderste, blieb plötzlich ruckartig stehen. Wir donnerten fast in ihn rein. Mitten auf dem Weg lag ein Schaf. Ich ging hin um zu sehen, ob es verletzt ist. Da stand das Schaf plötzlich auf, hat mich gebissen und lief davon. Anstatt mir zu helfen, lachten mich die anderen aus. Während wir weitergingen kam Edgar, der immer noch über mich lachte, ins Stolpern. Bevor er stürzte, konnte er sich gerade noch an einem Zaun festhalten. Dummerweise war das ein elektrisch geladener Zaun. Jetzt konnte ich lachen und das tat ich auch.

Unterwegs begegnete uns ein französischer Wanderer. Ich fragte ihn: >>woher kommen Sie?<< >>Aus Lyon<<, antwortet er. >>Und wohin wollen Sie?<< fragte ich weiter. >>Nach Hamburg<<, meinte er. Ich zeigte ihm den Weg den er nehmen musste. Er bedankte sich höflich und wanderte weiter. Edgar, der uns zugehört hatte, sagte vorwurfsvoll: >>du weißt, dass du ihn nach Konstanz geschickt hast?<< >>Recht hast du<<, meinte ich, >>aber ich kann die **Froschmampfer** einfach nicht leiden.<<

Oberhalb von ***Gausbach*** sahen wir nun zahlreiche Heuhütten an den Wiesenhängen stehen. *Die Hütten wurden vor 250 Jahren von Einwanderern aus Tirol errichtet. Heute haben sie keine Funktion mehr, werden aber aus Traditionsgründen instandgehalten.*

Neben dem Wanderweg sahen wir plötzlich einen toten Esel auf der Wiese liegen. Ich rief sofort mit dem Handy bei der Stadtverwaltung in Forbach an und sagte: >>auf der Wiese bei Gausbach liegt ein toter Esel.<< Der Beamte glaubte an einen Scherz und wollte mich abwimmeln: >>für die Toten ist der Pfarrer in Gausbach zuständig.<< >>Das mag sein<<, meinte ich, >>aber ich wollte mich erst mit den Verwandten in Verbindung setzen.<< Nun legte der genervte Beamte einfach auf. Wir gingen weiter und ließen den Esel liegen. Vielleicht war der auch nur eingeschlafen.

Bald kamen wir an einer alten, halb verfallenen Hütte vorbei. Vor der Hütte stand ein uralter Bauer. Ich blieb stehen und sprach ihn an. Er gab keine Antwort. Ich drehte mich um und rief: >>ich glaube der ist tot.<< Edgar ging hin: >>natürlich ist der tot, den stellen sie nur wegen der Rente ab und zu vor die Tür. Das ist im Schwarzwald so üblich.<<

Über **Gausbach** und **Forbach** hatte Edgar auch eine Legende zu erzählen. Die Legende von den Zielsteinen:

Auf den Äckern zwischen Gausbach und Forbach hatte einst jemand die sogenannten Zielsteine (Gemarkungssteine) versetzt, um dadurch eine größere Anbaufläche zu gewinnen. Dieser Frevel bekam ihm aber übel. Nach seinem Tode musste er von abends an, wenn die Betglocke verklungen war, mit den Steinen auf seinem Ackerstück auf- und abgehen. Dabei rief er ständig hilfeflehend „sag mir, wohin ich ihn setzen soll." Lange traute sich niemand ihm Antwort zu geben. Eines Abends wankte ein alter Gausbacher sternhagelvoll von Forbach nach Hause. Da hörte er unterwegs vom Langenberg her: „sag mir, wohin ich ihn setzen soll." Der Gausbacher war nicht auf den Mund gefallen und rief hinüber: „setz ihn hin, wo du ihn genommen hast." Im selben Augenblick stand der Geist vor ihm und sagte: „Gott sei Dank, jetzt hast du mich erlöst." Von dem Moment an war er für immer verschwunden.

Während wir dem Ende der Etappe immer näher kamen, kam das Gespräch auf unsere Lebensgefährtinnen. Edgar: >>meine Frau nervt mich, sie nörgelt ständig an mir herum.<< >>Warum denn?<< fragte ich. Edgar: >>sie will, dass ich endlich den Weihnachtsbaum wegräume.<<

Nun meldete sich Alfons zu Wort: >>immer wenn ich zu viel getrunken habe, spricht meine Freundin drei Tage nicht mehr mit mir.<< >>Und wie oft trinkst du zu viel?<< fragte ich. Alfons: >>alle 3 Tage.<<

Nun meinte Benno: >>bei mir gibt es keinen Streit. Ich sitze jeden Abend im Wirtshaus, außer Sonntag.<< Edgar: >>warum eigentlich nicht auch am Sonntag?<< Benno: >>der Sonntag gehört der Familie. Da sitze ich vor dem Fernseher.<<

Nun meinte Edgar: >>natürlich gibt es bei uns auch mal Streit. Aber damit die Kinder das nicht mitbekommen, schicken wir sie immer in den Garten.<< >>Ach darum<<, meinte ich, >>sind deine Kinder immer so schön braungebrannt.<<

Vorbei an **Gausbach** ging es wieder bergab und wir erreichten unser Etappenende, den
Bahnhof Forbach. An diesem gingen wir
entlang und dann abwärts zur **Murg**, die wir
auf der Holzbrücke überquerten. Übrigens die
längste gedeckte Holzbrücke Deutschlands.

Diesmal stiegen wir in einem gutbürgerli-
chen Gasthof ab. Den Abend verbrachten wir
in der Gaststube. Wir hatten uns auf einen
Weinabend eingestellt. Die Wirtin brachte
uns Fasswein in kleinen Gläsern. Alfons be-
gehrte auf: >>bringen sie uns das nächste Mal
den Wein doch in Schoppengläsern (Ein
Schoppen ist ein halber Liter).<< Erfreut sagte
die resolute Wirtin: >>natürlich, ich habe mich
nur nicht getraut große Gläser zu bringen.
Die Einheimischen trinken den Wein ja aus
Zahnputzbechern.<<

Benno wollte Käse zum Wein. Der Wirt
brachte eine Platte mit verschiedenen französischen Käsesorten. Benno meckerte: >>ich
esse nur deutschen Käse, also Gouda oder
Emmentaler.<< Der Wirt schüttelte den Kopf
und nahm den Käse wieder mit.

Im Laufe des Abends musste ich mal zur
Toilette. Dabei kam ich an der offenen Küchentür vorbei und sah, wie der italienische

Koch gerade eine Küchenschabe mit dem Absatz zertrat. Er sah mich an und sagte: >>Schabe fertig.<<

Zu später Stunde sinnierte Benno: >>im Wein liegt Wahrheit.<< >>Stimmt<<, sagte ich, >>der Schwindel liegt im Etikett.<< Nun meldete sich auch Alfons zu Wort: >>ich geh jetzt schlafen. Wenn ich Durst hab, weckt mich einfach auf.<< Edgar: >>und wann hast du Durst?<< Alfons: >>wenn ihr mich weckt.<<

Mitten in der Nacht fragte ich Edgar nach der Uhrzeit. Von fünf verschiedenen Gästen bekam ich Antwort. Jeder nannte mir einen andere Uhrzeit. >>Ich glaube, die Wände sind sehr dünn<<, sagte ich zu Edgar. >>Das kann man wohl sagen<<, meinte Benno vom Zimmer auf der anderen Seite des Flures.

Am nächsten Morgen sagte Edgar: >>sieh mal, die haben Handtücher mit den Monogrammen A und G. Das heißt sicher Antlitz und Gesäß.<< >>Irrtum<<, sagte ich, >>das heißt Arsch und Gesicht.<< >>Ich nehme doch lieber meine eigenen Handtücher<<, meinte Edgar.

Beim Frühstück fragte ich Alfons: >>warum bist du denn gestern Abend so früh abgehauen?<< >>Was heißt hier abgehauen?<<, protestierte Alfons, >>ihr wart plötzlich alle verschwunden. Mich hat die Putzfrau heute früh unter dem Tisch geweckt.<<

Nun fragte ich Alfons: >>warum gehst du eigentlich so komisch?<< Alfons: >>ich wollte heute Nacht noch einen Scherz machen und habe in der Toilette auf dem Flur das Toilettenpapier gegen eine Rolle Klebeband ausgetauscht. Als ich heute früh aufs Klo musste, hatte ich nicht mehr daran gedacht.<<

Ich schaute ihn ungläubig an. Er lachte und sagte: >>das ist doch ein Witz. Tatsächlich habe ich einen Hexenschuss.<< >>Hoffentlich war die Hexe wenigstens hübsch<<meinte ich.

Nun tauchte auch Benno auf. Um den Kopf hatte er einen Verband. Er betastete seinen Kopf und fragte: >>was ist denn gestern Abend passiert? Ich kann mich an nichts mehr erinnern.<< Ich antwortete: >>nach dem 5. Schoppen Wein hast du gewettet, dass du vom Dach aus über Forbach fliegen kannst.<< >>Um Gottes Willen<<, meinte Benno, >>warum habt ihr mich nicht zurück gehalten?<< >>Na, du bist gut<<, meinte ich, >>schließlich haben wir doch gewettet.<<

3. Etappe Forbach - Unterstmatt

Am Donnerstag erwartete uns eine der kürzeren Etappen. Nur 19 km. Das war aber kein Grund zur Freude. In dieser Etappe gab es gewaltige Anstiege. Ausgangspunkt war der Bahnhof in **Forbach.**

Auf dem Bahnhofsplatz waren Kunstwerke aufgestellt worden. Eines sah aus, wie eine riesige Büroklammer. Ein anderes wie Eisenbahnschienen, die man auf den Kopf gestellt hatte. Vor einem Kunstwerk, das wie ein riesiger Faustkeil aussah, stand ein Wanderer und betrachtete es andächtig. Neugierig ging ich hin und fragte: >>verstehen Sie etwas von Kunst?<< Er drehte sich langsam um, schaute mich an und meinte: >>Kunst mi am Orsch lecken.<< Da wusste ich auch, mit welchem Landsmann ich es zu tun hatte. Mit einem Bayern.

Von dort aus überquerten wir die **Murg** wieder auf der historischen Holzbrücke. Dann kam auch schon der erste Anstieg hinauf zur **Maria-Hilf-Kapelle**. Das ging schon ganz schön in die Beine. *Die Maria-Hilf-Kapelle liegt oberhalb von Forbach. Im Dreißigjährigen Krieg wurde sie stark be-*

schädigt, dann renoviert und später erweitert. Wann sie erbaut wurde ist nicht bekannt.

Die Nebel, die Anfangs noch um die Vorherrschaft kämpften, hatten sich inzwischen aufgelöst und strahlender Sonnenschein begleitete uns.

Weiter ging es auf einem Schotterweg hinauf durch das **Frankenbachtal.** Endlich erreichten wir den Bergrücken und machten eine kurze Pause. Und es ging weiter aufwärts bis zur **Wegscheid**. Hier lud uns eine kleine Holzbank zu einer Pause ein. Da konnten wir nicht widerstehen. Nachdem wir uns alle ausgeruht hatten meinte Benno: >>wisst ihr, warum ich mich von meiner ersten Frau habe scheiden lassen?<< Nachdem er keine Reaktion bekam erzählte er weiter: >>als wir uns kennenlernten, redete ich und sie hörte zu. Als wir verheiratet waren, redete sie und ich hörte zu. Nach kurzer Zeit redeten wir beide und die Nachbarn hörten zu.<<

Nun übernahm Alfons das Wort: >>kennt ihr den Unterschied zwischen sparsam und geizig? Nein? Also passt mal auf. Meine Freundin hat es mir genau erklärt. Wenn ich mir einen billigen Mantel kaufe, ist das sparsam. Wenn ich meiner Freundin einen billigen Mantel kaufe, ist das geizig.<<

Nun mischte sich Edgar ein: >>darüber braucht ihr euch bald keine Gedanken mehr zu machen. Wie ich hörte, soll das Geld abgeschafft werden.<< >>Mach keinen Quatsch<<, rief Alfons. >>Doch<<, meinte Edgar, >>letzte Woche habe ich meinen Schwager getroffen, der hatte schon keins mehr und wollte mich anpumpen.<<

Benno sinnierte: >>was ist das nur für eine Welt. Niemand ist mehr ehrlich. Keinem kann man mehr vertrauen. Letzte Woche hat mir einer einen falschen Hunderter angedreht.<< >>Zeig mal her<<, sagte ich. >>Geht nicht<<, meinte Benno, >>ich bin ihn zum Glück im Supermarkt wieder los geworden.<<

Ich hatte mich bisher zurückgehalten, aber nun wollte ich auch meinen Senf dazu geben: >>ich habe ja einige Gläubiger. Wenn ich auf der Straße einen sehe, wechsle ich einfach die Straßenseite.<< Benno: >>jetzt verstehe ich endlich, warum du immer im Zickzack durch die Stadt rennst.<<

Während wir weitergingen unterhielten wir uns recht laut. So hörten wir nicht, wie von hinten ein Radfahrer angebraust kam. Dieser rief laut „Wääägdaaah" und sauste an uns vorbei. Wir konnten gerade noch zur Seite springen. Die nächsten paar Kilometer waren wir alle nur noch am Schimpfen über die Radfahrer und Mountainbiker.

Nach der **Wegscheide** kam endlich ein sanfter Abstieg vorbei am **Johannesbrunnen** und hinunter zur **Schwarzenbach-Talsperre**. Das war eine Erholung für unsere Wadenmuskeln. *Die Schwarzenbach-Talsperre ist einer der größten Stauseen im Schwarzwald. Die Staumauer ist 400 Meter lang und 65 Meter hoch. Bei Stromüberschuss wird Wasser von der Murgtalsperre in Forbach hochgepumpt und dann wieder über Wasserturbinen zurückgeleitet.*

Der **Schwarzenbach-Stausee** lud direkt zu einem Fußbad im kalten klaren Wasser ein. Mit großer Mühe widerstanden wir der Einladung, sonst wäre die Etappe schon hier für uns zu Ende gewesen.

Nun begann schon wieder ein Aufstieg zum **Herrenwieser See.** Auf der großen Wiese hatten die badischen Markgrafen oft Tänze und Lustbarkeiten aufgeführt. Deshalb hatte man sie Herrenwiese genannt. Um die Herrenwiese liegen einige Seen in Wald und

Felsen versteckt. Da ist der **Herrenwieser See,** der auch **Hummelsee** oder der **Kleine Mummelsee** genannt wird. Man glaubt, er habe sein Wasser aus dem großen Mummelsee, der 3 Stunden südlich liegt und aus dem die **Acher** fließt. Der Herrenwieser See soll unergründlich tief sein.

Wir machten Pause und setzten uns neben einen alten Mann auf eine Holzbank. Dieser erzählte uns die Sage von den 12 Jungfrauen:

In diesem See wohnten einst 12 Jungfrauen. Sie kamen nachts ins Tal herab und wuschen frommen und redlichen Leuten die Wäsche. Da wo sie Teig in der Mulde fanden, buken sie das Brot, ehe die Leute wach wurden. Während die redlichen Bürger schliefen, fegten sie die Häuser. Im Herbst schnitten sie nachts die reifen Trauben ab und trugen sie in Bütten zusammen. Die schlechten ließen sie für die Vögel hängen. Deshalb gab es auch in alten Zeiten hier so guten Wein. Damals waren die Menschen treu und redlich, deshalb haben ihnen die Seefräulein auch bei ihrer Arbeit geholfen. Aber dann taten sich hier und da miserable Banden zusammen, denen Treu und Glaube nichts mehr galt. Sie leugneten Gott und verhöhnten seine Diener. Da kamen die Seejungfräulein nicht mehr zum Vorschein und halfen auch nicht mehr. Wenn es wieder bessere Menschen gibt, so sagt die Legende, werden Sie's auch wieder tun. Aber darauf können wir lange warten.

Wir wollten schon aufstehen und weitergehen aber der Alte war noch nicht fertig. Er erzählte eine weitere Legende:

Zweimal im Jahr, zu Fastnacht und zu Martini kamen die Seefräulein nach Forbach zum Tanz. Die Burschen begleiteten sie dann am Abend heim zum See. Einmal hatte sich ein Bursche aber mit seinem Seeweiblein verspätet und war hinter den anderen zurückgeblieben. Als sie endlich am See ankamen, hatten die anderen Seeweiblein am Ufer schon gewartet. Sie freuten sich sehr und schenkten dem Burschen zur Belohnung ein Büschel Stroh. Das nahm er ein Stück weit mit, dachte aber, wozu soll ich mich mit dem Stroh abschleppen, und warf es weg. Zufällig blieb ein Halm an seiner Kleidung hängen und als er heimkam, war aus dem Halm eine schwere

Goldstange geworden. Er ging sofort zurück und suchte im dunklen Wald nach dem Strohbüschel, fand es aber nicht mehr. Die Goldstange verkaufte er dann für gutes Geld an den Markgrafen von Baden.

Nun wollten wir aber endlich weiterwandern, aber der Alte war nun richtig in Fahrt gekommen und erzählte eine ähnliche Geschichte:

Einem Forbacher Holzbauern, der beim Herrenwieser See beschäftigt war, brachte ein Seeweiblein monatelang das Mittagessen. Er durfte das aber niemand erzählen. Seinem Weib fiel aber auf, dass er das mitgenommene Vesper meistens zurückbrachte und sie nervte ihn so lange mit Fragen, bis er alles eingestand. Als er am anderen Tag wieder am See arbeitete, kam das Weiblein mit zwei Bund Stroh und sagte, dass sie ihm keine Essen mehr bringe, weil er die Sache weitererzählt habe. Jedoch zum Abschied wollte sie ihm noch die zwei Bündel Stroh schenken, er sollte sie sorgfältig aufbewahren. Dann ging sie zurück in den See. Trotz ihrer Ermahnung warf der Holzbauer auf dem Heimweg das

Stroh weg. Ein Hälmchen blieb ihm aber am Ärmel hängen und zu Hause fand er es in Gold verwandelt. Eilig ging er zu dem Platz zurück, an dem er die Bündel weggeworfen hatte, aber da war nichts mehr zu finden.

Nun wollten wir endlich weiter, sonst würden wir erst in der Nacht unser Ziel erreichen. Aber Edgar überredete uns, noch eine Sage anzuhören:

Eine Nixe im Hutzebacher See wechselte eines Tages einer Köhlersfrau ihren Knaben gegen einen abscheulichen Wechselbalg aus, während die Mutter ins Holz gegangen war. Der Wechselbalg hatte einen Kopf wie ein Sester (ein Gefäß, das 16 Maß Wein fasste) und Kalbsaugen. Dabei war er noch potthässlich und hatte spindeldürre Beine. Er schrie ständig wie ein Rabe und wie ein Frosch. Als der Mann heimkam hörte er die Frau wehklagen und sah den Balg. Er nahm eine Rute und verprügelte den Balg. Da hörten beide ihr Kind am Seeufer weinen. Sie eilten zum See, holten ihr Kind und warfen den Wechselbalg in den See. Da fuhr die Nixe herauf, zerriss den Wechselbalg und fraß ihn mit Stumpf und Stiel, dabei wallte und wogte und rauschte und brauste der See und schlug hohe Wellen.

Endlich durften wir weiterwandern. Unsere Beine waren schon eingeschlafen. Vom See her begleitete uns Vogelgezwitscher und Entengeschnatter. Der See konnte auf einem Wanderweg umrundet werden, war aber eingezäunt und das Ufer durfte wegen des Naturschutzes nicht betreten werden. Also gingen wir weiter, am **Seekopf** vorbei bis zum **Bussemer Gedenkstein**. *Im Jahr 1900 erkundeten und markierten Julius Kaufmann und Phillip Bussemer für den Badischen Schwarzwaldverein den ersten Höhenweg von Basel nach Pforzheim. Mit dem Gedenkstein auf dem Seekopf wird an diese Pionierleistung erinnert.*

Der blaue Himmel, der uns die ganze Zeit über begleitete, hatte sich nun hinter großen, dicken Schauerwolken versteckt. Wir mussten uns beeilen, damit wir das Etappenende noch trocken erreichen.

Einige Stunden hinter der **Herrenwiese** befindet sich der **Nonnensee**, der manchmal mit dem Mummelsee verwechselt wird. Zu beiden Seiten des Sees erheben sich der **Schwarzkopf** und der **Seekopf**. Auf ihren Kuppen standen einst die **Schwarzburg** und die **Seeburg**. Auch hierzu gibt es eine Legende und während wir uns vorwärts kämpften erzählte uns Edgar die Geschichte:

Auf der Seeburg lebten 12 Brüder, die sich vom Raub ernährten, mit ihrer einzigen, aber wunderschönen Schwester. Auf der Schwarzburg wohnten 12 Schwestern, eine schöner als die andere, mit einem einzigen, aber heldenhaften Bruder. Die Seeburger hatten einen Plan, die Schwestern aus der Schwarzburg zu entführen. Der Ritter von der Schwarzburg überredete aber die Schwester der Schwarzburg und seine Schwestern zur Flucht. Da beide Teile dieselbe Nacht für ihre Tat gewählt hatten, trafen sie mitten auf dem Weg, der ins Murgtal führte, aufeinander. Verzweifelt wehrte sich der Ritter der Schwarzburg, wurde aber von der Menge seiner Gegner überwältigt. Sie fesselten ihn und schleppten ihn zusammen mit seiner Geliebten und seinen Schwestern auf ihre Burg. Dort brachten sie ihn in das Verließ und bei Fackelschein stieß jeder der 12 Ritter ihm einen Dolch in die Brust. Dann töteten sie auch ihre einzige Schwester, nachdem sie den grässlichen Tod ihres Geliebten hatte mit ansehen müssen. Die geraubten 12 Schwestern mussten sich mit den Seeburger Rittern vermählen. In der Hochzeitsnacht erhoben sie sich aber leise von ihrem Lager und durchbohrten die schändlichen Mörder ihres Bruders mit denselben Dolchen, die sein Blut vergossen hatten. Nach der Befriedigung ihrer Rache wollten sie wieder auf die Schwarzburg zurückkehren, doch sie wurden von den Knechten der Seeburger überfallen und auf der Stelle getötet. Bald danach brach in der Seeburg einen Feuersbrunst aus. Da sah man unter den stürzenden Balken und berstenden Mauern zwölf weibliche Gestalten in weißen Gewändern durch das Feuer schreiten, jede hatte ein Kind auf dem Arm. Sie gingen hinaus zum Nonnensee und stürzten sich in dessen Tiefe. Die Wasser brausten dumpf auf und von dieser Zeit an nahmen sie die Farbe Schwarz wie Tinte an.

Vom Gedenkstein aus gingen wir nun leicht bergab und gleich wieder hinauf zur **Badener Höhe** und dem **Friedrichsturm.**

Die Badener Höhe ist der höchste Punkt von Baden-Baden. Der Friedrichsturm auf dem Gipfel wurde nach dem Großherzog Friedrich I. von Baden benannt. Vom Turm aus ging es endlich wieder hinunter bis zum **Herrenwieser Sattel**. Als wir aus dem Wald herauskamen standen wir vor dem Wanderheim **Badener Höhe**. Hier legten wir eine Pause ein.

Alfons litt noch unter den Nachwehen vom Vortag und meinte: >>was darf ich trinken, wenn ich 0,5 Promille erreichen will?<< Edgar: >>drei Tage lang überhaupt nichts.<< Inzwischen musste ich auf die Toilette. Benno war bereits dort und stand vor dem Spiegel. Er schaute sich lange an, dann sagte er: >>willst du dir den Tag versauen, musst du in den Spiegel schauen.<< Dann ging er zum Waschbecken und rief erstaunt: >>die haben hier noch uralte Wasserhähne, da steht nur W und K drauf, was bedeutet das?<< >>Klare Sache<<, sagte ich, >>W ist Wasser und K ist keines.<<

Am Nebentisch saßen der Dorfpfarrer und der Wirt zusammen. Sie unterhielten sich so laut, dass man nicht weghören konnte. Der Pfarrer jammerte: >>manchmal macht mir mein Amt doch sehr zu schaffen. Heute hatte ich als erste Beichten gleich zwei Fälle von Ehebruch.<< In diesem Moment kam die Wirtsfrau an den Tisch und strahlte den Pfarrer an: >>vielen Dank Hochwürden, dass sie meine Schwägerin und mich heute gleich drangenommen haben.<<

Nach dieser kurzen Pause gingen wir weiter auf der Forststraße zur **Passhöhe Sand** und dann bis zum **Hundseck**. Hier bot sich eine Besteigung des **Mehliskopfes** an. Von dort sollte man einen herrlichen Rundblick über den Nordschwarzwald und das Rheintal haben. Wir stimmten ab und das Ergebnis lautete 4:0 gegen eine Besteigung.

Zwischen **Sand** und **Schliffkopf** wurden die tiefen Schneisen, die den Wald durchpflügten immer zahlreicher. Auch hier haben riesige Forstfahrzeuge ohne Rücksicht auf Bäume, Sträucher, Felsen und Flora breite Schneisen durch den Wald gezogen.

Die Maschinen, mit denen das Wirtschaftsgut Wald bearbeitet wird, werden immer größer. Dadurch wurde auch der Westweg in diesem Abschnitt stark verbreitert und wird nun immer mehr von Motorrädern befahren.

Nicht nur der Motorradlärm macht den Wanderern zu schaffen, sondern auch der Gestank nach Benzin, mitten in der Natur.

Also gingen wir weiter auf Schotterwegen und Forstwegen. Dabei ging es nun wieder ständig bergauf. Als wir einige Stunden durch den Wald gelaufen waren, meinte Alfons: >>merkt ihr das auch, man kommt sich vor wie neugeboren.<< >>Das habe ich auch bemerkt<<, sagte ich, >>alle 30 Minuten brauchst du die Flasche.<<

Mitten im Tannenwald blieb Alfons plötzlich vor einem Baum stehen und sagte: >>was würde die Tanne wohl zu uns sagen, wenn sie reden könnte?<< Edgar: >>sie würde sagen, ich bin eine Fichte, du Depp.<<

Schließlich erreichten wir den **Hochkopf.** *Der Hochkopf ist einer der ursprünglichsten Grindengipfel des Nordschwarzwaldes. Das Hochmoor entstand bereits im Mittelalter durch Brandrodung und wird durch ständige Pflege freigehalten.* Vom Gipfel aus konnten wir bereits unser Etappenziel **Unterstmatt** sehen. Nur noch ein Spaziergang über einen mit Granitplatten ausgelegten Pfad hinab zur **Passhöhe Unterstmatt** und wir waren da. Wir mussten auch nicht lange suchen. Vor uns stand ein großes altes Gasthaus. Hier wollten wir die Nacht verbringen.

Kaum hatten wir zum Abendessen Platz genommen, erzählte uns der Wirt, dass der Koch mit der Kellnerin getürmt sei und jetzt müsse seine Enkelin kochen. Wir sollten also nur etwas Einfaches bestellen. Die Ersatzköchin sah nicht gerade vertrauenserweckend aus. Sie trug eine dreckige Schürze und war auch sehr blass. Vielleicht war ihr beim zubereiten des Essens schlecht geworden.

Wir entschieden uns für Schnitzel mit Brot. Benno bekam sein Schnitzel, nahm den ersten Bissen, verzog das Gesicht, schüttelte den Kopf und sagte: >>des kann ma net esse.<< Dann rief er den Wirt herbei und meckerte: >>auf der Karte steht, es gibt drei verschiedene Brote, die sehen aber alle gleich aus.<< Der Wirt belehrte ihn: >>wenn Sie essen, merken Sie den Unterschied. Eins ist von heute, eines von gestern und eines ist von letzter Woche.<< Dann ging er weg.

Zwischendurch fiel mir auf, dass die Wirtin immer so komisch lachte. Es klang mehr wie ein meckern. Als sich der Wirt mal wieder an unseren Tisch traute sprach ich ihn deshalb an: >>warum lacht ihre Frau eigentlich so komisch?<< Der Wirt seufzte: >>tja, am Anfang fand ich ihr Lachen sexy. Später akzeptierte ich ihr Lachen als Teil ihrer Persönlichkeit. Inzwischen ist es mir egal, weil mir das Lachen längst vergangen ist.<< Diese tiefschürfende Erkenntnis machte mich für einige Zeit sprachlos.

Am nächsten Morgen beschwerte sich Alfons bei uns: >>ihr seid ja gestern Abend ganz schön voll gewesen. Ihr habt mich 5-mal fallen lassen.<<

Nun mischte sich auch Benno ein: >>habe ich gestern Abend viel Lärm gemacht, als ich aufs Zimmer kam?<< >>Du nicht<<, sagte ich, >>aber die anderen, die dich hereingetragen haben.<<

Benno, der eine scheußliche Nacht erlebt hatte, klagte nun über Kreuzschmerzen und beschwerte sich beim Wirt: >>die Matratzen sind ja hart wie Zaunlatten. Woher kommt das?<< Der Wirt lächelte und meinte: >>es sind Zaunlatten.<<

Bald darauf kam auch schon unser Frühstück. Die Wirtin stellte vor Benno ein Teller mit Spiegeleiern hin. Benno starrte den Teller an und protestierte: >>ich hatte Rühreier bestellt.<< Die Wirtin: >>stimmt nicht, Sie haben

Spiegeleier verlangt.<< >>Blödsinn<<, meinte Benno, >>ich mag keine Spiegeleier, also kann ich sie auch nicht bestellt haben. Sie haben sich geirrt.<< Da kam er aber bei der Wirtin an die Falsche: >>ich irre mich nie, Sie waren es, der sich geirrt hat und jetzt wollen Sie es nicht zugeben.<< >>Jetzt reicht`s mir<<, schreit Benno, >>ich bin doch nicht hier um zu streiten. Wenn ich zum Frühstück streiten möchte, kann ich ja gleich zu Hause essen. Das können Sie dem Koch ausrichten.<< Die Wirtin winkte ab, ging in die Küche und lachte dabei meckernd.

Auf einmal hörte man den Koch in der Küche ziemlich laut schreien: >>sag dem hinterfotzigen Schweinehund, wenn er noch ein Wort von sich gibt, dann zerbreche ich jedes einzelne dieser stinkenden Eier auf seinem verblödeten Kopf.<< Dann war plötzlich Ruhe und Benno aß eingeschüchtert seine Spiegeleier.

4. Etappe Unterstmatt - Alexanderschanze

Am Freitagmorgen erwartete uns mit 27,6 km eine der größten Etappen. Deshalb mussten wir früh losmarschieren.

Von der **Passhöhe Unterstmatt** ging es zunächst durch den Bergwald auf einem schmalen Pfad abwärts bis zum **Wanderheim Ochsenstall.** *Ursprünglich war der Ochsenstall als Unterstand für die Holzrückeochsen gedacht, die in den Höhen des Schwarzwaldes eingesetzt waren.*

Auf der Fußmatte am Eingang stand: „Bikers welcome". Diesen Hinweis sahen wir im Verlauf unserer Wanderung immer wieder an Gasthöfen. Aber nirgendwo stand: Wanderer willkommen.

Es war schon wieder Zeit für eine Pause und wir betraten die Hütte. Edgar war neugierig und fragte den Wirt: >>wie läuft denn ihre Hütte?<< >>Hervorragend<<, meinte der Wirt, >>gestern Morgen hatte ich einen Gast, am Nachmittag wurde es dann etwas ruhiger.<< Dann beklagte er sich über die geringen Übernachtungszahlen von Wanderern. Das erstaunte mich, schließlich waren wir auf dem am meisten begangenen Wanderweg des Schwarzwaldes.

Nun erzählte der Wirt von den Motorradfahreren, die auf den breiten Forststraßen hier herauf kamen. >>Wenn die Biker nicht wären, könnte ich meine Hütte zumachen.<<

An einem Tisch in der Ecke saß ein Mann mit einem langen weißen Bart. Benno deutete auf ihn und sagte zum Wirt: >>der Mann dort drüben sieht ja aus wie der Weihnachtsmann?<< >>Ach was<<, meinte der Wirt, >>das ist der junge Huberbauer, der isst nur Spaghetti.<<

Benno hatte schon wieder Hunger und bestellte Kesselfleisch. >>Aber bitte ohne Kraut.<< Die Wirtin brachte ihm das Kesselfleisch – mit Kraut. Benno protestierte: >>ich wollte aber kein Kraut.<< Da erklärte ihm die Wirtin: >>bei mir gibt es das Kesselfleisch immer mit Kraut und was Sie mit dem Kraut machen ist mir wurscht, jedenfalls gehe ich deswegen nicht in die Küche und lege mich mit dem Koch an.<< Dann rauschte sie davon. Benno vergaß sogar, über das Essen zu meckern und verputzte das Kesselfleisch mitsamt dem Kraut.

Nach einer Weile verließen wir die Hütte. Auf dem Forstweg kam uns ein Bauer entgegen. Ich hielt ihn an und fragte: >>Entschuldigung, gibt es einen ungefährlichen Weg, den Berg hinauf?<< Der Bauer überlegte eine Weile, dann meinte er: >>gehen Sie einfach den Kuhfladen nach. Wo die Rindviecher gehen, kann Ihnen auch nichts passieren.<<

So leicht ließen wir den Bauer aber nicht gehen. Benno sagte: >>schöne Berge habt ihr hier.<< darauf der Bauer: >>des wisset mer au.<< Benno laberte weiter: >>schöne Seen habt ihr auch hier.<< Darauf der Bauer: >>des wisset mer au.<< Benno ließ nicht locker: >>aber die Menschen hier sind doch seltsam?<< Darauf der genervte Bauer: >>des mocht nix, die gehn nach einem Tag scho wieder weg.<<

Hier waren wir nun knapp unter dem Nordgipfel der **Hornisgrinde.** *Der Name kommt vermutlich vom lateinischen mons grinto, was soviel wie „sumpfiger Kopf" bedeutet und auf das Hochmoor hinweist. Eine andere Deutung des Namens ist aus den Begriffen Horn, miss und Grind abgeleitet und bedeutet soviel wie kahler Bergrücken, der auf seiner Höhe ein Moor trägt.*

Inzwischen war es ziemlich neblig geworden. Wir hatten eine Inversionswetterlage. Der Rheingraben lag im Nebel und den Dreck aus der Karlsruher Luft konnten wir riechen.

Auf einem kurzen steilen Steig erreichten wir das Hochplateau des höchsten Berges im Nordschwarzwald. Unterwegs kam uns ein einsamer Wanderer entgegen und sagte: »grüß Gott.« Alfons antwortete: »so weit hinauf wollen wir nicht.« Dann keuchte er weiter hinterher.

Wir passierten die Sendeanlagen, wanderten durch eine kurze Senke und erreichten schließlich den Hauptgipfel.

Die Hornisgrinde ist der höchste Berg des Nordschwarzwaldes. Schon aus der Ferne sieht man den 206 Meter hohen Fernsehturm auf dem Nordgipfel. Im 2. Weltkrieg wurde der Berg militärisch genutzt. Davon sind noch einige Gebäude und Masten übrig, die aber langsam verfallen. Nach dem Krieg übernahmen die Franzosen den Standort und richteten dort eine Abhörstation ein. In den Mauerresten und den Teilen der Befestigungsanlagen lauert noch manche Sprengmine und Todesfalle. Deshalb sollte man sie sorgfältig umgehen.

Wir fragten einen Wanderer nach dem Aussichtsturm. Der Wanderer wies uns ein: >>da vorne gehen Sie links, dann 100 Meter geradeaus. Sie können ihn nicht verfehlen. Er steht direkt neben einer Dönerbude.<< Das mit der Dönerbude war, wie wir dann bemerkten, natürlich ein Witz.

Was uns zuerst ins Auge fiel waren riesige Windräder. Am höchsten Punkt des Plateaus stand der **Bismarckturm.** Von der Aussichtskanzel hatten wir eine einmalige Fernsicht. Auf einem Pfad aus Holzbohlen überquerten wir das Hochmoor in Richtung **Dreifürstenstein**. Diesmal ließen wir Benno vorausgehen, damit wir ihn im Auge hatten. Sonst wäre er sicher noch ins Hochmoor gefallen. Bald erreichten wir den **Hornisgrindeturm**, oberhalb des **Mummelsees.** Nun nahm Benno wieder seinen Platz am Ende unserer Gruppe ein.

Auf dem Gipfelplateau ragt ein über 200 Meter hoher Sendemast der Telekom in den Himmel. Das Hochmoor ist von Wanderwegen und Bohlenpfaden zerstückelt. Die Hornisgrinde ist ein geschundener Berg und am Wochenende überlaufen, wie kein anderer Berg im Schwarzwald. Kein Wunder, 150

Meter tiefer befindet sich der **Mummelsee** mit riesigen Parkplätzen. Am Wochenende kommen hier Tausende von Motorradfahrern und Busladungen von Tagesausflüglern und schwärmen aus.

Um den Mummelsee ranken sich viele Sagen und Geschichten. Einer Sage nach lebte in dem See eine Nixe, die den Menschen nachts Hilfe gewährte und mit ihnen tanzte, sang und spielte. Die Sagen inspirierten den Dichter Eduard Möricke zu seinem Gedicht „Die Geister vom Mummelsee". Der Name Mummelsee geht nach Angaben der Gemeinde Seebach zurück auf die weißen Seerosen, im Volksmund Mummeln genannt, die dort früher zahlreich vorkamen. In der Botanik wird allerdings die Gelbe Teichrose als Mummel bezeichnet.

Wir hatten noch Glück, dass wir am Freitag hier oben waren. Sonntags sieht man hier Hunderte von Motorradfahrern und Tausende von Touristen. Diese kommen auf der Fahrstraße vom Mummelsee herauf.

Schlimm ist die militärische Vergangenheit mit zahllosen verfallenen Bunkeranlagen und

Bauruinen, die die Landschaft verschandeln. In den Bunkeranlagen sollen noch reichlich undichte Öltanks lagern. Altlasten der französischen Armee.

Inzwischen war das Wetter nicht mehr so einladend. Ein kräftiger kalter Wind begann zu blasen und nun begann es auch noch zu regnen. Besorgt schauten wir auf den Himmel, wie wohl das Wetter wird. Da müsste man doch einen Einheimischen fragen, dachte ich.

Tatsächlich kam uns ein Bauernbursche – beide Hände in der Tasche – entgegen. Ich hielt ihn an und fragte: »verstehen Sie etwas vom Wetter?« Der Bursche spuckte aus und brummte: »des schon, momentan regnet's.« Dann schlurfte er weiter.

Die kleine Pause nutzte Edgar um uns eine Sage vom Mummelsee zu erzählen:

Die drei Jungfrauen vom Mummelsee. Nahe beim Mummelsee liegt das Dorf Seebach. Dort kamen, wie es an vielen Orten üblich war, an Winterabenden die Mädchen und Burschen des Dorfes in der Spinnstube zusammen. Eines Abends traten drei wunderschöne, weiß gekleidete Jungfrauen in die

Spinnstube. Sie hatten hübsche Spinnräder mit sich und baten, mit spinnen zu dürfen. Man hieß sie freundlich willkommen. Früher, als die Spinnerinnen aus dem Dorf machten sie sich wieder auf den Heimweg. Das bedauerten alle. Am meisten, der Sohn eines reichen Bauern, der sich in eine der Jungfrauen verliebt hatte. Man bat die Mädchen, bald wieder zu kommen. Das taten sie auch. Der verliebte Bursche hatte aber die Stubenuhr um eine Stunde zurückgestellt, damit die Mädchen länger bleiben sollten. Als es elf Uhr schlug, schickten sich die drei fremden Mädchen zum Aufbruch an. Nun gestand ihnen der Bursche, dass er die Uhr um eine Stunde zurückgestellt hatte. Die Mädchen erschraken zutiefst und eilten fort. Am folgenden Tag bemerkte man im Mummelsee drei große Blutflecke. Oft hörte man danach Klagen, Jammern und Murmeln aus der Tiefe herauf. Den Mädchen war offenbar auf dem Grund des Sees ein Leid zugestoßen, weil sie erst nach Mitternacht heimgekommen waren. In der Spinnstube von Seebach sah man sie nie mehr.

Auf einem Forstweg stiegen wir hinab zum **Mummelsee** und erreichten bald das **Berghotel Mummelsee**. Dieses ließen wir links liegen und gingen direkt zum Seeufer zur **St. Michaels-Kapelle**.

Zwischen vermoderten Baumstümpfen funkelte die Sonne auf dem See und vertrocknetes Schilf bewegte sich im Wind hin und her. Wir schlenderten am See entlang und stießen auf eine große Holztafel. Auf ihr war zu lesen, dass man auf keinen Fall einen Stein ins Wasser werfen sollte, wenn man keinen Sturm und hohe Wellen auslösen wollte. Schon einmal hätten ungläubige Wanderer diese Warnung ignoriert und einen besonders dicken Stein in den See geworfen. Darauf habe sich plötzlich, wie aus dem Nichts, eine Wasserhose gebildet und eine große Welle habe die Wanderer durchnässt und zu Tode erschreckt.

Das schreckte mich aber nicht ab. Ich wollte vor den anderen angeben und dem Mummelsee sein Geheimnis entlocken. Ich brauchte nicht lange zu suchen, bis ich einen besonders dicken Stein fand. Ich nahm den Stein in beide Hände und warf ihn mitten in den See, wo er mit einem lauten Platscher aufprallte und im See versank. Was dann geschah, möchte ich hier nicht erzählen. Wenn Sie sich trauen, fahren Sie selbst zum Mummelsee und probieren es aus.

Inzwischen hatte sich der Regen zu einem heftigen Unwetter verändert. Wir rannten alle Vier und schafften es gerade noch zur Rasthütte **Seibelseckle**.

>>Ja, mei<<, sagte die Wirtin, >>jetzt seids aber grennt wie an Hirsch.<< Benno beschwerte sich: >>diesen Ton verbitte ich mir.<< Darauf die Wirtin entschuldigend: >>i hab ja bloß gmoint, weil sie schwitzen wie a Sau.<< Nachdem sich alle wieder abgeregt hatten setzten wir uns an einen freien Tisch.

Die Blutjunge Bedienung brachte uns die Speisekarte und nahm unsere Bestellung auf. Bald darauf kam auch schon unser Essen. Benno bekam ein Schweinsmedaillon mit Röstkartoffeln. Das Essen sah toll aus und es gab nichts daran auszusetzen. Benno nahm einen Bissen, schüttelte den Kopf, verzog das Gesicht und meinte: >>des kann ma net esse.<< Auf unsere erstaunten Blicke meinte er noch: >>und außerdem ist das viel zu wenig.<<

Wir anderen hatten Schweinsbraten mit Knödel bekommen. Das Essen war gut und als die Wirtin die leeren Teller abräumte sagte sie: >>na also, scheinbar haben die Knödel doch geschmeckt, obwohl sie schon 2 Jahre über dem Verfallsdatum waren.<< Dann rauschte sie davon.

Am Nebentisch hatte ein Gast belustigt zugesehen. Edgar fragte ihn: >>wie heißen Sie denn?<< >>Schneider<<, antwortete der Gast. >>Und was sind Sie von Beruf?<< meinte Edgar. >>Schuhmacher<<, antwortete der Gast. Edgar schüttelte sich vor Lachen: >>Schuhmacher sind Sie und heißen Schneider!<< Der Gast guckte ihn böse an: >>was ist denn daran so komisch? Bei Ihnen ist es doch genauso, Sie heißen Vogel und sind ein Rindvieh.<< Da mischte sich auch noch Alfons ein und meinte: >>ich habe einen Nachbarn, der heißt Weber und ist ein Spinner.<< Darauf folgte allgemeines Gelächter.

Nun kam die Wirtin an unseren Tisch und erzählte noch einige Sagen vom Mummelsee:

Wenn man ungerade Erbsen, Steine oder etwas anderes in ein Tuch bindet und in den Mummelsee hängt, so verändert es sich in gerade und wenn man Gerade hineinhängt verändert es sich in ungerade. Wirft man ei-

nen oder mehrere Steine hinunter in den See, trübt sich der heiterste Himmel und ein Unwetter zieht herauf. Die Wassermännlein tragen auch alle hineingeworfenen Steine sorgfältig wieder heraus ans Ufer.

Ein Bauer ist zur Winterszeit über den zugefrorenen See mit seinen Ochsen und einigen Baumstämmen ohne Schaden gefahren. Sein nachlaufendes Hündlein ist aber ertrunken, nachdem das Eis unter ihm gebrochen war.

Ein Wildschütz sah im Vorübergehen ein Waldmännlein auf dem See sitzen, den Schoß voller Gold und damit spielend. Als er auf das Männchen schießen wollte tauchte es und rief: „hätte er es gebeten, so hätte es ihn reich gemacht, so aber müsse er und seine Nachkommen in Armut verbleiben.

Ein Herzog zu Württemberg ließ ein Floß bauen und damit auf den See fahren um dessen Tiefe zu ergründen. Als aber die Messer schon neun Zwirn Netz hinuntergelassen hatten und immer noch keinen Boden fanden, fing das hölzerne Floß plötzlich an zu sinken. Sie mussten von ihrem Vorhaben ablassen und sich ans Ufer retten. Vom Floß sind noch Stücke am Ufer zu sehen.

Nach der Pause gingen wir weiter, hinauf zur **Schwarzwaldhochstraße** und allmählich Richtung **Seekopf**. Beim Wegweiser **Wildseewegle** ging ein alpiner Pfad durch den Bannwald hinab zum **Wildsee**. *Der Wildsee, auch Wilder See genannt, gehört zur Gemeinde Baiersbronn. Er wird auch oft mit dem Wildsee bei Bad Wildbad verwechselt.*

Dieser Pfad war sehr anspruchsvoll und nur für trittsichere Wanderer geeignet. Mit Rücksicht auf Alfons und Benno verzichteten wir auf den Abstecher.

Der größte Feind der Wanderer ist – seit einigen Jahren – der Montainbiker. Natürlich gilt auch für den Nordschwarzwald die 2-Meter-Regel und das Landeswaldgesetz. Demzufolge haben Radler auf Wegen unter zwei Metern Breite nichts zu suchen. Einige der ehemaligen Pfade und Wege wurden inzwischen aber von Mountainbikern breitgewalzt und sind nun über zwei Meter breit.

Besonders beliebt ist der Westweg, mit seinen wenigen, schmalen Pfaden. Und das, obwohl parallel dazu ein ausgeschilderter Radweg verläuft. Das hindert die Radler nicht, auf den schmalen Pfaden zu fahren.

In Vorarlberg steht jeweils am Anfang eines Wanderweges ein großes Verbotsschild mit einem durchgestrichenen Fahrrad. Im Nordschwarzwald dagegen findet man manchmal kleine Verbotsschildchen mit winziger Schrift. Meistens sind sie aber gut versteckt, so dass sie der Mountainbiker beim besten Willen nicht lesen kann. Erst recht nicht, wenn er mit 30-50 Stundenkilometern einen Wanderweg runter donnert. Deshalb kann der Wanderer in aller Ruhe auf den Radwegen gehen, da die Radler grundsätzlich auf dem Wanderweg fahren.

Kurz vor dem eindrucksvollen **Wildseeblick** am **Eutinggrab** erreichten wir die **Darmstädter Hütte.** Hier machten wir nur eine kurze Pause um etwas zu trinken. Nachdem Alfons sein Glas geleert hatte, kam der Wirt an den Tisch und fragte: »Ihr Glas ist leer, darf ich ihnen noch eines bringen?« Alfons empört: »was soll ich denn mit zwei leeren Gläsern?«

In diesem Moment ging eine hübsche junge Frau am Tisch vorbei. Alfons pfiff durch die Zähne und meinte: »tolles Häschen.« »Zwei Kinder«, sagte ich trocken. »Was?« meinte Alfons, »du spinnst ja, die ist doch höchstens 18. Wie soll die denn zwei Kinder haben?<< >>Die nicht, aber du, du alter Bock>>, sagte ich.

Nach der kurzen Pause gingen wir weiter über große Serpentinen und den Skihang hinab zum **Ruhestein.** *Der Ruhestein war im Mittelalter ein wichtiger Übergang des Nordschwarzwaldes. Der Name kommt von einem Stein, an den sich die Ochsen nach der schweren Auffahrt das Achertal hinauf anlehnten, um sich von den Strapazen zu erholen.*

Nun gingen wir den Hang der Rodelbahn hinauf zu den Türmen der Sprungschanzen. Wir kamen am großen Gedenkstein vorbei und erreichen den Gipfel des **Schliffkopfes**.

Wir waren alle noch außer Atem da sagte Benno zu mir: >>darf ich dir eine Zigarette anbieten?<< >>Nein danke<<, sagte ich, >>seit heute rauche ich nicht mehr.<< Benno: >>dann steck sie ein – für Morgen.<<

Edgar mischte sich ein: >>ständig liest man, wie schädlich das Rauchen ist. Deshalb habe ich mir das abgewöhnt.<< >>Das Rauchen?<< fragte ich. >>Nein, das Lesen<<, sagte Edgar. Alfons gab auch seinen Senf dazu: >>kennt ihr den Unterschied zwischen einer Zigarette und einem Heuwagen? Am Heuwagen ziehen zwei Ochsen.<< Endlich ging es wieder abwärts und wir kamen am *Hotel Schliffkopf* vorbei.

Ganz in der Nähe war das Waldstädtchen **Oppenau** in der **Ortenau**. Dort liegt das **Kloster Allerheiligen**. Dazu hatte Edgar auch eine Geschichte parat:

Das Kloster Allerheiligen wurde von der Herzogin Uta von Schauenburg gestiftet. Der Sage nach ließ sie, um einen Platz für das Kloster zu finden, in ihrer Burg zu Gaisbach einen Esel mit Gold bepacken und hingehen, wohin der liebe Gott ihn führen würde. Er ging auf die Höhe und schlug mit seinem Huf auf den Boden. Eine frische Quelle rieselte hervor. Hier steht heute der Eselsbrunnen mit dem Monument des Esels. Der Esel löschte seinen Durst und schleppte sich weiter bis zur Bergkuppe, auf welcher die Kapelle steht. Hier wurde ihm der schwere Sack zu lästig und er warf ihn ab. Der Sack mit dem Gold rollte in die Tiefe bis an das Ufer des Nordbachs. Nun war der Ort gefunden, wo das Kloster erbaut werden sollte.

Nach einer halben Stunde erreichten wir den **Lotharpfad.** *Am 2. Weihnachtsfeiertag 1999 verwüstete der Orkan Lothar zahlreiche Waldflächen im Schwarzwald. Abgeknickte Bäume lagen kreuz und quer. Der Westweg war so schwer betroffen, dass er im Jahr danach nur mit großen Umwegen begangen werden konnte. Auf dem 1 km langen Lotharpfad werden Besucher über Stege, Treppen und Leitern unter und über Bäume durch das Sturmgebiet geführt.*

Auf dem Forstweg gingen wir weiter bis zur **Röschenschanze** hinauf, bis wir die Jugendherberge **Zuflucht** erreichten. Hier wollten wir Mittag machen. Bis zum Etappenziel war es nun nicht mehr weit.

Natürlich hatte Benno wieder etwas auszusetzen. Er sagte zum Hüttenwirt: »müssen wir etwa von dieser dreckigen Tischdecke essen?« »Natürlich nicht«, beschwichtigte der Wirt, »Sie bekommen selbstverständlich noch einen Teller.« Er ging davon und ließ den verärgerten Benno zurück.

Bald darauf kam die Bedienung an den Tisch. Benno, der sich immer noch nicht beruhigt hatte, fragte: »Fräulein, werden hier nie die Tischtücher gewechselt?« Das Mädchen antwortete eingeschüchtert: >>das kann ich Ihnen nicht sagen mein Herr, ich bin erst seit drei Wochen hier.<<

Nun fragte Benno die Hüttenwirtin nach der Toilette. Sie zeigte ihm den Weg hinter das Haus. Dort stand das bewusste Häuschen mit dem Herzchen. Das Häuschen hatte aber keine Rückwand und Benno beschwerte sich. Die resolute Hüttenwirtin beruhigte ihn: >>das macht doch nichts. Vorn ist ja eine Tür und von hinten kennt Sie hier doch eh keiner.<<

Nach der Mittagspause schleppten wir uns mit vollen Bäuchen durch den Hochwald hinauf bis zur **Alexanderschanze.**

Unterwegs gerieten wir auf einen Pfad der Holzarbeiter und bald tauchte ein Platz mit einem riesigen Holzschlag auf. Die Stämme lagen kreuz und quer und wir mussten teilweise darüber steigen. Dann kamen wir wieder auf den Forstweg. Ein Teil des Weges war morastig und rutschig, aber wir hatten damit keine Probleme und marschierten entspannt weiter. Inzwischen hatten wir soviel Erfahrung, dass es zu keinen weiteren Stürzen kam.

Ein Jogger kam uns entgegen. Er keuchte wie ein Asthmakranker und stöhnte: >>ich bin völlig fertig. So schnell kriegt mich keiner wieder hoch.<< Dann setzte er sich auf einen Ameisenhaufen. Ich wollte ihn auf seinen Irrtum aufmerksam machen, aber die anderen schüttelten den Kopf. Also ließen wir ihn sitzen und gingen weiter zur **Alexanderschanze.**

Die Alexanderschanze sicherte die wichtige Passhöhe zwischen dem Renchtal und Freudenstadt. Sie wurde durch den Reichsmarschall Herzog Karl Alexander von Württemberg im 18. Jahrhundert erbaut und diente zur militärischen Sicherung des strategisch wichtigen Übergangs an der württembergischen Grenze. In den Koalitionskriegen verlief hier die Front zwischen österreichischen und französischen Truppen.

Auf dem Weg hatten Waldarbeiter mit ihren schweren Fahrzeugen tiefe, verschlammte Spuren hinterlassen. Wir gingen so weit wie möglich abseits der tiefen Rillen am Rand des Weges entlang. Plötzlich mündete der Weg in einen schmalen Fußweg. Wir atmeten auf. Nun konnte es flotter weiter gehen. Aber nun kamen uns immer wieder gefällte Bäume in die Quere, die über dem Weg lagen. Wir mussten darüber steigen oder unten durch kriechen. An einer Stelle ging es aber nicht mehr weiter. Auf dem Weg lagen so viele Äste, dass wir uns einen Weg, abseits des normalen Weges suchen mussten. Wahrscheinlich sind plötzlich auftretende Risse und Spalten schon manchem Wanderer zum Verhängnis geworden.

Nach einigen Umwegen erreichten wir doch noch unser Etappenziel. Hier gab es sogar ein Hotel, speziell für Wanderer. Dort kehrten wir ein.

Auf unserem Weg bis zur Alexanderschanze sahen wir, wie nach und nach die ganze Landschaft verschandelt wurde. Jeder Hang, auf dem man abfahren konnte, war gerodet und mit einem Skilift versehen. Umgeben von riesigen Parkplätzen und Hotels. Für die Naturliebhaber gibt es aber einen Trost. Einige Skilifte standen bereits zum Verkauf und einige Hotels waren schon wieder geschlossen.

Glaubt man der Schwarzwaldwerbung, so wandern jährlich Tausende den Westweg zwischen Pforzheim und Basel. Die Zahl der Wanderer, die uns begegneten hielt sich jedoch in Grenzen. Bis zur Alexanderschanze waren es gerade mal 10 Wanderer.

Der Wirt beklagte sich über die geringen Übernachtungszahlen. Das erstaunte mich. Waren wir doch auf dem meist begangenen Wanderweg des Schwarzwaldes unterwegs.

Am Abend saß Benno am Tisch und schrieb eine Ansichtskarte. Plötzlich richtete er sich auf und starrte angestrengt vor sich hin. Ich fragte: >>was ist los Benno, fehlt dir was?>> Benno: >>ich hatte es eben noch auf der Zunge und nun ist es weg.<< >>Denke gut nach, dann kommt es bestimmt wieder<<, riet ich ihm. >>Das glaube ich kaum<<, meinte Benno, >>es war nämlich die Briefmarke.<<

Kurz vor dem Schlafengehen sagte Alfons scherzhaft zum Zimmermädchen: >>und morgen früh möchte ich mit einem Kuss geweckt werden.<< >>Ist gut<<, meinte die Holde Maid, >>ich sage es Opa, der macht den Nachtportier.<<

Zu fortgeschrittener Stunde fiel mir eine hübsche, leicht angetrunkene Frau auf. Ich spendierte ihr ein Glas Wein nach dem anderen, konnte aber nicht bei ihr landen. Ich war sauer und ging ins Bett. Am nächsten Morgen erzählten mir meine Kameraden, dass die

Hübsche, als ich weg war, nackt auf dem Tisch getanzt hatte. Jetzt war ich erst recht sauer.

Das Frühstücksbüfett war gut bestückt. Nachdem Benno schon zum fünften Mal am Büfett war, schnauzte ich ihn an: >>sei doch nicht so verfressen, was sollen die anderen Gäste von dir denken?<< >>Von mir?<< meinte Benno kauend, >>ich sage doch immer es sei für euch.<<

Nach dem Frühstück wollten wir aufbrechen. Aber Alfons hatte noch eine Beschwerde vorzubringen. Er schimpfte mit dem Wirt: >>gestern habe ich meine dreckigen Wanderstiefel vor die Tür gestellt und heute Morgen standen sie immer noch da, so wie ich sie hingestellt hatte.<< >>Da sehen Sie mal<<, meinte der Wirt, >>wir sind ein ehrliches Haus, bei uns kommt nichts weg.<<

Nun mischte sich auch noch Edgar ein: >>was ist eigentlich das individuelle an Ihrem Hotel, das im Prospekt so hervorgehoben wird?<< >>Das sind die Gäste<<, entgegnete der Wirt, >>jeder meckert über etwas anderes.<<

5. Etappe Alexanderschanze – Hark

Die erste Woche unserer Wanderung ging dem Ende zu. Ein gutes Drittel der Strecke lag hinter uns. Erfahrungsgemäß kommt Morgen oder Übermorgen der große Durchhänger. Gut, dass wir heute, am Samstag, eine Etappe der leichteren Art hatten. Nur knapp 17 km und meistens bergab. Inzwischen hatten wir schon Wandererfahrung und dachten, das wird ein Spaziergang. Was wir aber nicht wussten, auf der ganzen Strecke gab es fast keine Möglichkeit zum Einkehren.

Von der **Alexanderschanze** aus ging es auf einem schmalen Pfad direkt in den dichten Wald. Wir wanderten am Rande des **Renchtales** entlang bis wir den **Aussichtspunkt Renchtal** erreichten. Hier war ein Startplatz für Drachenflieger und heute war ganz schön was los.

Edgar erzählte von seinem letzten Urlaub: >>letztes Jahr war ich in England. Auf der Fähre fragte ich eine Dame, wie der Hafen heißt, den wir in England anlaufen. Sagt die doch glatt „Doofer" zu mir.<<

Alfons erzählte: >>ich war letztes Jahr in Mexiko. Ich habe mir einen Chinchilla mitgebracht.<< >>Keine Sorge<<, meinte Edgar, >>das kriegst du Heutzutage mit Penicillin schnell wieder weg.<<

Dann fragte er Benno: >>wo warst du letztes Jahr?<< Benno: >>in Schottland, im Ort Loch Ness.<< Wohnt da nicht das große, dicke hässliche Ungeheuer?<< fragte Edgar. >>Nein<<, meinte Benno, >>meine Ex wohnt in Dortmund.<<

Nun sahen sie alle mich an: >>wo warst du letztes Jahr?<< Ich antwortete widerwillig: >>ich habe letztes Jahr sehr solide gelebt. Um 5 Uhr aufgestanden, Frühstück, dann angefangen zu arbeiten. Um 12 Uhr gab es Mittagessen, danach bin ich 1 Stunde spazieren gegangen. Bis um 5 Uhr wieder gearbeitet und um 9 Uhr lag ich im Bett.<< >>Und weshalb hast du gesessen?<<, fragte Edgar.

Bald erreichten wir den **Bauernkopf**. Von dort hatten wir einen schönen Ausblick auf **Bad Griesbach**. Da wir heute nur eine kurze Etappe hatten, machten wir am **Graseck** einen Umweg und stiegen den steilen Abhang zur **Teufelskanzel** hinauf. *Die Teufelskanzel ist ein Naturdenkmal aus Stein mit tiefen Erosionsrinnen und Felsformationen mit bizarren Felsvorsprüngen.* Die Felsformationen waren schon interessant, aber rechtfertigten sie auch die Mühe?

Am Aussichtspunkt machten wir Rast. Hier war auch eine Warntafel angebracht. Ein Waldarbeiter, der sich zu uns gesellte, erklärte uns, dass dies schon die 5. Tafel sei, die hier angebracht wurde. Ich fragte: >>und was geschah mit den anderen Tafeln?<< Der Waldarbeiter: >>alle früheren Tafeln wurden von unvorsichtigen Wanderern mit in den Abgrund gerissen.<<

Nun belohnte er unsere Mühe und unterhielt uns mit Geschichten über den **Kandel** und die **Teufelskanzel**:

Früher wurde der Berg gemieden, heute ist er das Ausflugsziel vieler Wanderer. Der Schwarzwald war damals eine unheimliche Region, in der wilde Tiere und böse Geister hausten. Nur selten wagten sich einige Mutige in die dunklen, kaum begehbaren Wälder. Dem Volksglauben nach trafen sich am Kandel regelmäßig die Hexen aus der Umgebung, um hier ihre geheimnisvollen Hexenversammlungen abzuhalten. Bevorzugtes Gebiet war der Kandelfelsen. Den Namen Teufelskanzel bekam der Felsen, da man vermutete, der Teufel persönlich nähme in

*der Walpurgisnacht, genau um 0.17 Uhr dar-
auf Platz und wohne dem wilden Treiben der
Hexen bei. Der Teufel wartete dort geduldig
auf seine Chance, um den im Berg, unterir-
disch gelegenen See herauszulassen und den
ganzen Breisgau zu überfluten.*

*Im Jahr 1981, in der Walpurgisnacht,
brach der Felsen tatsächlich auseinander.
2000 Kubikmeter Stein stürzten herab und
lagen auf einer Fläche von 1 Hektar herum.
Erschrockene Waldkirchener erzählten von
einem gefährlichen rumpeln in der Nacht,
welches vom Kandelberg zu hören war. Die
Retter, die nach Verletzten suchten, fanden
zwischen den Felsen einen Reisigbesen und
das Gipfelbuch. Experten waren ratlos. Es
gab in der Nacht keine Anzeichen auf ein
Erdbeben. Auch eine Sprengung im nahege-
legenen Hugenwaldtunnel hätte den Einsturz
nicht verursachen können. Nur über eines
waren sich alle einig: der Einsturz des Felsens geschah genau um 0.17 Uhr in der Walpurgisnacht.*

Der Waldarbeiter war groß in Fahrt und
meinte: >>es gibt noch eine andere Sage vom

Kandelfelsen. Die hat aber ein besseres Ende.<<

Der Sage nach, war der Teufel immer bestrebt, einen riesigen See, den der Kandel in seinem Innern barg, zum überlaufen zu bringen und damit großes Unheil über die Bewohner zu Füßen des Felsens hereinbrechen zu lassen. Dazu brauchte er die Hilfe eines unschuldigen Knaben. Ein Hirtenjunge aus dem Ort Siensbach, der von seiner Herrschaft schlecht entlohnt wurde und zerrissene Kleider am Leibe trug, hütete einst eine Kuhherde auf dem Berg. Als ihn der Teufel, als Jäger verkleidet, ansprach. Der Junge klagte sein Leid und der Unbekannte versprach sogleich, ihm zu helfen. Er schickte ihn zum Kandelfelsen, wo angeblich ein großer Schatz aus Silber und Gold versteckt sei. Nur müsse man den Felsen davor beiseite schieben. Der Hirtenjunge versprach dem Jäger, sich der Sache anzunehmen und mit vier Ochsen den Felsen wegzuräumen. Als der Bursche am nächsten Morgen mit den Zugtieren zu der verabredeten Stelle am Kandelfelsen kam, traf er den merkwürdigen Jäger dort an, der bereits einen Eisenring an der Felswand an-

gebracht hatte. Der Junge zog ein Seil durch den Ring und trieb die Ochsen an, indem er rief: „nun denn, in Gottes Namen“. Da setzte ein fürchterlicher Sturm ein und die Erde begann zu beben. Blitze zuckten herab und der Junge fiel ohnmächtig zu Boden. Als er wieder erwachte, war der seltsame Jäger samt Eisenring am Felsen verschwunden. Aus dem Fels entsprang eine Quelle, die fortan der großen Wassernot in Siensbach ein Ende bereitete. Hätte der junge Bursche seine Ochsen nicht im Namen Gottes angetrieben, der ganze Breisgau wäre wohl untergegangen.

Der Abstieg von der Teufelskanzel war schon angenehmer. Während wir den Weg hinunter stolperten erzählte der Waldarbeiter, der uns ein Stück begleitete, eine weitere Geschichte aus der Region:

Die Legende handelt von einer Höhle mit dem Namen **Brudersloch** *in der Nähe von Kandern. Ein ehemaliger Klosterbruder aus Venedig soll hier gehaust und Gold hergestellt haben. Die sagenumwobene Höhle ist nicht leicht zu finden. Sie wird aber in alten Schriften erwähnt. Wann genau der Kloster-*

bruder dort gehaust haben soll, ist nicht bekannt. Er flüchtete angeblich dort hin, weil er verfolgt wurde. Er soll einem Pferd das Hufeisen falsch herum aufgeschlagen haben. Außerdem wird überliefert, dass der Bruder von einem Schatz wusste, der von einem schwarzen Pudel bewacht wurde. Der Schatz wurde nie gefunden. Der Klosterbruder wurde aber in Basel verhaftet, als er versuchte, sein falsches Gold zu verkaufen. Danach wurde er nie wieder gesehen.

>>Wollen wir nicht einen Abstecher machen und uns die Höhle mal unverbindlich ansehen?<<, fragte ich die anderen. >>Nein<<, sagte Edgar entschieden, >>das **Brudersloch** ist nicht ausgeschildert. Es findet sich am Westweg zwar ein Wegweiser mit der Aufschrift Brudersloch, aber die Höhle ist an dieser Stelle nicht zu sehen. Man muss einem nicht ausgeschilderten und fast nicht zu erkennenden Pfad folgen, der unterhalb der Teufelskanzel entlang führt. Der Weg wird nicht gepflegt und ist nicht gesichert.<<

Nach dieser Belehrung gingen wir weiter und ich meinte zu Benno: >>stell dir vor, von meiner Erbtante habe ich zu meinem Geburtstag einen dicken Scheck erhalten.<< Benno: >>dann kannst du mir ja die Hundert Euro zurückgeben, die du mir noch schuldest.<< >>Moment, Moment<< sagte ich, >>lass mich doch erst mal meinen Traum von heute Nacht zu Ende erzählen.<<

Alfons stolperte Edgar hinterher. Dieser drehte sich um und meinte: >>läufst du eigentlich immer noch den Mädchen nach?<< >>Ja<<, meinte Alfons, >>aber ich schaffe das nur noch bergab.<<

Nach einigen Kehren kamen wir an der **Hildahütte** vorbei. An einem Baum vor der Hütte war ein Schild: „Letzte Tankstelle vor Hark, der Wirt." Natürlich gingen wir nicht an der Hütte vorbei, sondern hinein. Es war ja schon wieder Zeit für eine Pause.

Natürlich wussten wir, dass der Westweg am Wochenende überlaufen ist. Zu den Hunderten von Wanderern kommen noch die Tagesausflügler und Sommerfrischler dazu. Deshalb wunderten wir uns auch nicht, dass in der Hütte Hochbetrieb herrschte.

Wir mussten nun lange auf unser Essen warten. Und Benno wurde es zu bunt. Er rief zu dem Wirt: >>haben Sie mich vergessen?<< Der Wirt rief lautstark zurück: >>aber nein,

Sie sind doch der Schweinskopf mit Knödelfüllung.« Benno schaute uns verwundert an. Er hatte doch Schnitzel bestellt. Wir alle hatten Schnitzel bestellt. Gleich darauf kam der Wirt heran und stellte Benno sein Schnitzel vor die Nase.

Endlich begann Benno zu essen. Wir wussten alle was nun kommt. Benno nahm den ersten Bissen, verzog das Gesicht, schüttelte den Kopf und meinte: »des kann ma net esse.« Dann schnitt er das große Schnitzel in 4 Teile und mit 4 Bissen verschlang er es in nur 3 Minuten. Wir hatten mit unserem Essen noch nicht mal angefangen.

Nach einer längeren Pause gingen wir gestärkt weiter. Über einen steinigen Weg erreichten wir nun die **Lettstädter Hütte**. Diese war leider geschlossen. Nach einem weiteren Abstieg erreichten wir den **Glaswaldsee-Blick.** Von dort ging es wieder hinab und in knapp 15 Minuten standen wir am **Glaswaldsee.** *Der Glaswaldsee ist einer der letzten Karseen im Schwarzwald. Der Name erinnert an die Herstellung von Glasflaschen in den Dörfern des Wolftales. Früher nannte man ihn Rippoldsauer Wildsee und in alten Texten auch Nonnensee oder Sebenweiher. Bis heute* wird der Glaswaldsee von einer Sandsteinmauer aufgestaut, die früher die Flößerei im Tal ermöglichte.

Über den Glaswaldsee wusste Edgar natürlich auch eine Legende zu berichten:

Die Seemännlein im Glaswaldsee. Im unergründlichen Glaswaldsee hielten sich einst Seemännlein auf. Die waren so groß wie Kinder, oben wie Menschen gestaltet und unten wie Fische. Auch konnten sie sich unsichtbar machen. Eines dieser Seemännlein war mit den Leuten des Seebenhofes so befreundet, dass es sie jeden Morgen weckte und bis zum Abend bei ihnen blieb. Dann kehrte es in den See zurück. Den ganzen Tag schaffte es für die Leute und hütete das Vieh, das darauf immer schöner gedieh. Die Leute mussten aber, wenn sie dem Männlein eine Arbeit auftrugen, jedesmal sagen: „nicht zu wenig und nicht zu viel." Vergaßen sie das zu sagen, tat das Männlein entweder viel zu viel oder viel zu wenig. Täglich bekam das Männlein auf dem Hof sein Frühstück, Mittag- und Nachtessen. Das Essen musste ihm unter die Treppe gestellt werden, wo das Männlein, alleinsitzend, dasselbe verzehrte. Obwohl sein Anzug und sein Schlapphut stark abgetragen waren und seine Jacke sogar zerrissen war, hielt es doch den Bauern stets ab, ihm andere Kleidungsstücke zu geben. Trotzdem ließ der Bauer im Winter ein neues Wams machen und gab es dem Männlein. Da sagte dieses: „wenn man ausbezahlt wird, muss man gehen. Ich komme nun nicht mehr zu euch." So sehr der Bauer auch versicherte, das Wams sei kein Lohn, sondern nur ein Geschenk, konnte er das Männlein nicht umstimmen. Darüber erbost, gab die Magd dem Männlein kein Nachtessen und es ging mit leerem Magen davon. Am anderen Morgen fand man vor dem Haus die Magd tot und auf dem Kopf gestellt, ganz in den Boden eingegraben. Das Seemännlein aber ließ sich nie mehr auf dem Hof blicken.

Vom See aus gingen wir nun weiter hinab auf einem schnurgeraden Grobschotterweg zum tief eingeschnittenen **Freiersbergsattel** und nach einem Umweg von 10 Minuten erreichten wir den **Klagstein.** Seit dem Orkan Lothar sieht man von seinem höchsten Punkt aus bis zur Schwäbischen Alb. Benno blieb plötzlich stehen. >>Was ist los?<< fragte ich.

Benno: »ich glaube, ich stehe auf einem Kaugummi.« Gemeinsam konnten wir ihn losreißen und gingen weiter.

Nun gingen wir wieder den Berg hinunter, kamen am **Juliusbrunnen** vorbei und stießen auf das **Hundskopfsträßle**. Den **Hundskopf** ließen wir aber links liegen. Wir hatten genug von den Aufstiegen.

Inzwischen war es heiß geworden und wir blieben so gut es ging im Wald. Hier hatten wir Schatten und der stetige Wind sorgte für frische Luft. Der blaue Himmel, aufgelockert mit Schönwetterwolken, sorgte bei uns für gute Stimmung.

Auf einem sanft auf- und absteigenden Forstweg erreichten wir erschöpft das **Gasthaus Hark**. Hier beim **Harkhof** war das Ende der heutigen Etappe. *Der Harkhof ist ein typischer Schwarzwälder Bauernhof, der Übernachtung in Zimmern aber auch preiswerte Matratzenlager anbietet. In der Bauernstube kann man Vespern und Frühstücken.*

Am Abend saßen wir im Speisesaal und warteten auf unser Abendessen. In der Ecke stand ein Klavier. Darauf spielte ein Gast einige Stücke. Man konnte auch Musikwünsche äußern. Benno lästerte über klassische Musik und speziell über Mozart. Der Klavierspieler hatte ein gutes Gehör und kam plötzlich an unseren Tisch. Dann fragte er Benno: >>verzeihen Sie, hatten Sie ein Stück von Mozart bestellt?<< >>Nein<<, erwiderte Benno empört, >>eine Kalbshaxe.<<

Bald darauf bekamen wir unser Abendessen. Bennos Kalbshaxe war so groß, dass er am Nebentisch essen musste. Wir schauten gebannt auf das, was nun folgte. Benno nahm den ersten Bissen, verzog das Gesicht, schüttelte den Kopf und meinte: >>des kann ma net esse.<< Dann verputzte er die ganze Kalbshaxe, nur der Knochen blieb noch übrig.

Mitten im Saal saß ein Einheimischer und schimpfte was das Zeug hielt. >>Immer diese Fremden<<, schrie er, >>sie sitzen an den besten Tischen, sie saufen unsere besten Weine und rauchen unsere guten Zigarren weg. Und jetzt hams mir die letzte Kalbshaxe auch noch weggefressen. Aber des eine sag i dir Wirt, zuerst kimmen immer noch wir, die Einheimischen.<< Er konnte sich nicht beruhigen und schimpfte weiter: >>diese Wanderer sind doch alle Landstreicher und faules, arbeitsscheues Gesindel.<<

Benno winkte den Wirt herbei und fragte: >>was ist denn das für ein kauziger Vogel?<< Der Wirt flüsterte: >>das ist der Vorstand vom Fremdenverkehrsverein.<<

Der weitere Abend verlief langweilig. Edgar meinte: >>lasst mich mal ein paar Fotos mit meiner neuen Digitalkamera machen. Mit meiner alten Kamera musste ich erst den ganzen Film verknipsen und entwickeln lassen. Nach einer Woche bekam ich dann die Bilder zu sehen, nur um herauszufinden, dass ich sie verpfuscht habe. Mit der neuen Kamera ist das was ganz anderes. Da dauert es nur Sekunden bis ich weiß, dass das Bild nichts geworden ist.<<

Der Abend wurde immer langweiliger. Ich fragte: >>was sollen wir heute Abend noch unternehmen?<< Edgar hatte einen Vorschlag: >>wir lassen das Glück entscheiden. Wir werfen eine Münze hoch. Fällt die Zahl, dann trinken wir ein paar Viertel Wein. Fällt der Kopf, dann trinken wir ein paar Bier. Bleibt die Münze auf der Kante stehen, gehen wir aufs Zimmer.<<

Edgar ward die Münze hoch und es fiel die Zahl – also Weinabend. Benno bestellte sofort beim Wirt ein Glas Wein. Der Wirt brachte den Wein und stellte das Glas vor Benno hin. Benno wollte schon nach dem Glas greifen da sagte Alfons: »warte, lass mich erst mal probieren, vielleicht hat der Wein Kork.« Alfons nahm zwei kräftige Schlucke, schüttelte den Kopf und meinte: »ich bin nicht sicher, probier du mal, Edgar.« Edgar nahm ebenfalls zwei Schlucke und meinte: »ich bin mir auch nicht ganz sicher, probier du mal, Kalle.« Ich nahm das Glas, leerte es in einem Zug und meinte: »alles okay, Benno, der Wein ist in Ordnung, den kannst du trinken.« Dann stellte ich das leere Glas vor Benno auf den Tisch. Benno schaute entgeistert das leere Glas an. So etwas hatte er noch nicht erlebt. Dann winkte er den Wirt herbei und sagte: »bringen Sie mir eine Flasche von diesem Wein.« Der Wirt fragte: »und wie viele Gläser?« Benno: »Eins.« Jetzt schauten wir entgeistert. Der Wirt brachte die Flasche und stellte sie vor Benno hin. Die Flasche hatte einen Schraubverschluss und Benno deutete vielsagend darauf.

Dieser Abend wurde sehr spät und wir wussten am nächsten Morgen nicht mehr, wie wir überhaupt auf die Zimmer gekommen sind.

In der Nacht bekam die Hauskatze mal wieder ihren Rappel und kratzte nach ihrem Geschäft mindestens 20-mal im Sandkasten herum. Im ganzen Haus war das zu hören.

Am Morgen beklagte sich Alfons über seine Haare: »was habt ihr gestern mit mir gemacht, meine Haare sind ganz fettig.« Edgar: »du hast so viel getrunken, dass du umgefallen bist. Wir dachten du wärst tot und haben dir die letzte Ölung gegeben. Moment, ich glaube ich habe es noch hier.« Dann faltete er ein Papier auseinander und zitierte:

Der Hutmacher behüte euch,
der Schirmmacher beschirme euch,
der Schuhmacher besohle euch
und der Teufel hole euch.

6. Etappe Hark - Hausach

Nach dem Frühstück beklagte sich Alfons beim Wirt: >>das Hähnchen von Gestern Abend hat mir schwer im Magen gelegen. Gegen 4 Uhr bin ich mit Magenkrämpfen aufgewacht.<< >>Ist ja toll<<, meinte der Wirt, >>als der Hahn noch lebte hat er uns auch immer um diese Zeit geweckt.<<

Eigentlich wollten wir den Sonntag in **Hausach** verbringen, aber unsere Tour hatte sich bereits um einen Tag verschoben.

Also marschierten wir am Sonntagmorgen los in Richtung **Hausach**. Diese Etappe war mit 21 km eher mittelmäßig. Es versprach also ein gemütlicher Sonntag zu werden.

Vom **Harkhof** gingen wir wieder hinauf zum **Harksattel** und von hier weiter nach Süden. Die Richtung stimmte also. Nach wenigen Metern führte der Weg wieder in den tiefen Wald, um den **Regeleskopf** herum zum **Kreuzsattel.**

An der **Kreuzsattelhütte** machten wir kurz Rast. Die Hütte war ziemlich voll und wir quetschten uns an einen Ecktisch. Plötzlich rümpfte Edgar die Nase und fragte eine Wanderin am Nebentisch: >>was riecht denn hier so komisch?<< Pikiert antwortete sie: >>das ist Chanel Nummer 5.<< Plötzlich verzog sie angewidert das Gesicht und meinte: >>was stinkt denn hier so fürchterlich?<< Benno: >>Menü Nummer 3, Bohnen mit Zwiebeln und Speck.<<

Gegenüber von unserem Tisch war ein großer Wandspiegel. Alfons schaute in die Richtung und meinte plötzlich: >>da drüben sitzen vier, die sehen genauso aus wie wir. Los kommt mit, wir gehen hinüber.<< Alfons stand auf und wollte losgehen, dann blieb er plötzlich stehen und meinte: >>wir brauchen nicht rüber zu gehen, einer von ihnen kommt bereits zu uns herüber.<<

Nach einem kurzen Aufenthalt in der Hütte gingen wir weiter und erreichten den Wegweiser **Reiherskopf**. Nun hatten wir zwei Möglichkeiten. Entweder auf dem Hauptweg weiter zum **Hirzwasen** oder einen Umweg über den **Brandenkopf**.

Wir entschieden uns für den längeren Weg und stiegen hinauf zur **Steiglehütte** . Die wollten wir natürlich auch besichtigen und gingen hinein. In der Hütte saß nur ein Gast, ein Bergbauer, der wohl zum ersten Mal in seinem Leben vom Berg herunterkam. Er bestellte Wurst. Der Wirt stellte ihm eine Aufschnittplatte hin. Der Bergbauer beschnupperte den Teller, betrachtete ihn von allen Seiten, schob ihn dann zur Tischmitte und lehnte sich zurück. Als nach einer halben Stunde der Wirt erneut an den Tisch kam, brummte der Bergbauer: >>wenn i net bald mei bestellte Wurst krieg, ess i deine gesamten Muster auf.<<

Bevor wir weitergingen wollte Benno noch schnell, einen Apfelsaft. Er bekam den Saft und reklamierte sofort beim Hüttenwirt: >>der Saft ist ja trüb.<< Der Wirt nahm das Glas in die Hand, hielt es gegen das Licht und meinte: >>Irrtum, der Saft ist nicht trüb, das Glas ist dreckig.<< Dann stellte er es wieder vor Benno hin. Benno schaute ihn an. Der Kerl war zwei Meter groß und wog bestimmt drei Zentner. Benno traute sich nicht mehr zu meckern und trank wortlos seinen Apfelsaft.

Nach dieser kurzen Episode gingen wir weiter auf den **Brandenkopf**, den beliebtesten Aussichtsberg hoch über dem **Kinzigtal**. Direkt neben dem Wanderheim stand der Aussichtsturm, unser Ziel. *Der Brandenkopf ist einer der schönsten Aussichtsberge des Schwarzwaldes. Vom Aussichtsturm sieht* man ein überwältigendes Panorama vom Feldberg bis zur Hornisgrinde. Bei klarem Wetter und guter Sicht sieht man sogar die Rheinebene, die Vogesen, das Pfälzer Bergland und die Schwäbische Alb. Manchmal sieht man auch im Süden die schneebedeckten Alpengipfel von der Zugspitze bis zum Montblanc.

Der Abstieg führte uns nun auf dem **Hans-Jakob-Weg** an der **Bettelfrau** vorbei direkt zum **Hirzwasen**. *Die Bettelfrau hat ihren Namen vom Geist eines alten Weibleins, das hier als Bettelfrau verkleidet umhergeisterte. Der Sage nach wurde sie aber vor langer Zeit von ihrem Schicksal befreit. Wir brauchten also nicht zu fürchten, dass sie uns über den Weg lief.*

Von nun an gingen wir wieder auf dem alten Westweg. Wir überschritten die **Hesselbacher Höhe** und den **Burzbühl** und erreichten den **Sattel Ebenacker**. Nun gingen wir, immer am Kamm entlang, mit kurzen Abstiegen, zum **Hohenlochen**. In der **Hohenlochenhütte** machten wir nochmal eine kurze Pause, bevor wir den Rest der Etappe bewältigten.

Alfons war mal wieder der Durstigste. Nach dem dritten Glas Bier sagte ich zu ihm: >>trink nicht soviel, Du weißt doch, Alkohol ist dein Feind.<< >>Recht hast du<<, erwiderte Alfons, >>aber ich bin kein Feigling.<< Dann bestellte er noch ein Glas.

Nach einer Weile bemerkte Alfons, dass die anderen Gäste ständig zu ihm herüber blickten. Schließlich wurde es ihm zu dumm und er stand auf und schrie: >>warum glotzt ihr mich alle so an?<< Ich zupfte ihn am Ärmel und sagte: >>reg dich nicht auf, du sitzt genau unter der Uhr.<<

Edgar beobachtete inzwischen das Telefon an der Wand. Er wollte dringend telefonieren. Aber dort stand ein anderer Gast schon seit einer halben Stunde. Edgar stand ungeduldig auf und ging zu dem Dauertelefonierer: >>he, Sie, das ist ein öffentliches Telefon. Sie stehen hier seit einer halben Stunde und sprechen kein Wort.<< Der Gast drehte sich um und brummelte: >>lass mich in Ruhe Alter, ich spreche mit meiner Frau.<<

Nach unserer letzten Pause gingen wir nun wieder einen längeren steilen Abstieg hinab zum **Weißen Kreuz**. Hier verließ der **Hans-Jakob-Weg** den Westweg wieder und führt nach **Wolfach** hinab. Wir blieben aber auf dem Westweg und gingen weiter bis zum **Spitzfelsen.** Von dort aus ging es nun im Zick-Zack steil hinab bis zum **Kinzigsteg**. Über die **Römerstraße** erreichten wir den Bahnhof **Hausach.** Unser Etappenziel war erreicht.

Wir fanden auch schnell eine geeignete Pension. Der Pensionswirt zeigte uns die Fremdenzimmer. Edgar sah sich skeptisch um und fragte nach dem Zimmerpreis. Der Wirt meinte: »1. Stock 50 Euro, 2. Stock 40 Euro, 3. Stock 30 Euro.« »In Ordnung«, sagte Edgar, »wir nehmen die Zimmer im dritten Stock.« »Tut mir leid«, meinte der Wirt, »der 3. Stock ist ausgebucht.«

Eigentlich war uns die Pension zu niedrig, aber wir waren viel zu faul, eine andere Pension zu suchen und blieben da.

Nach einer Woche in der frischen Luft, waren meine Haare ziemlich lang geworden und ich musste dringend zum Friseur. Gleich in der Nähe gab es einen alten Friseurladen mit dem Dorffriseur. Der war bestimmt schon hundert Jahre alt. Mit zittrigen Fingern schnitt er mir die Haare. Ich wurde mutig und ließ mich auch gleich rasieren. Der Friseur nahm den Rasierpinsel, spuckte darauf und begann mich einzuseifen. Ich fragte: >>machen Sie das bei jedem Kunden?<< >>Nein<<, antwortete der alte Friseur, >>nur bei den Touristen, den Einheimischen spucke ich direkt ins Gesicht.<< Ich war froh, kein Einheimischer zu sein.

Als wir uns in der Pension eingerichtet hatten, wollten wir duschen. Es gab aber kein Bad und keine Dusche. Wütend sprach Benno den Wirt darauf an: >>in der Pension gibt es ja weder Dusche noch Bad?<< Der Wirt zuckte mit den Schultern und meinte: >>die Fremden werden doch wohl frisch gewaschen kommen und länger als 14 Tage bleibt eh keiner.<< Alfons sagte großspurig: >>wir hatten früher auch kein Wasser. Wir haben uns mit Sand gewaschen.<< Darauf der Wirt: >>hinter dem Haus steht eine Kiste mit Sand. Bedienen Sie sich.<<

Im Ort war gerade ein Straßenfest und das wollten wir auch noch besuchen. Beim Stand vom Musikverein blieben wir kurz stehen. Bei Bratwurst und Bier hörten wir uns den Saumarsch an. Am Stand daneben wurde auf einer Tafel „Fettbemme" angeboten. Benno fragte Edgar: >>was ist eine Fettbemme?<<

Edgar: »das ist ein Schmalzbrot.« Benno: »du willst mich wohl verarschen?«

An einem weiteren Stand konnte man Wärmeflaschen aus Gummi aufblasen. Wem es gelang, die Flasche zum platzen zu bringen, der erhielt einen Preis. »Kleinigkeit«, sagte Alfons, »früher habe ich das oft gemacht, da waren die Wärmeflaschen noch aus Metall.« Natürlich gewann er keinen Preis und wir gingen zurück zur Pension.

Später gingen wir in die Gaststube zum Abendessen. Benno hatte diesmal nur einen Salatteller bestellt und wir schauten gebannt zu was nun passiert. Benno nahm den ersten Bissen, nichts passierte. Wir waren geschockt. Benno nahm den zweiten Bissen. Nichts passierte. Wir waren fasziniert. Benno nahm den dritten Bissen. Plötzlich warf er angeekelt die Gabel weg und rief: »pfui Deibel, in meinem Salat ist ja eine Schnecke.« Der Wirt eilte sofort herbei und meinte: »Entschuldigung, ich lasse sofort einen neuen Salatteller bringen. Selbstverständlich sind Sie mein Gast. Sie brauchen ihr Essen nicht zu bezahlen.« Der Wirt eilte davon, um einen neuen Salat zu holen. Da flüsterte ein anderer Wanderer vom Nebentisch zu Benno: »könnten Sie mir die Schnecke kurz ausleihen?<< Benno schüttelte bedauernd den Kopf: >>tut mir Leid, der Wirt hat sie bereits mitgenommen.<<

Alfons hatte inzwischen auf der Theke eine Schüssel mit frisch gemachten Frikadellen entdeckt. Er rief den Wirt und sagte: >>bringen Sie mir bitte eine Frikadelle.<< Der Wirt verwundert: >>Hä?<< Ich mischte mich ein: >>er meint Fleischküchle.<< >>Aha<<, sagte der Wirt und brachte Alfons das gewünschte. Alfons: >>ich hätte noch gerne eine Scheibe Brot dazu.<< Der Wirt: >>die ist schon drin.<< Alfons: >>trotzdem eine Scheibe Brot.<< Der Wirt: >>die ist auch drin.<< Wortlos aß Alfons sein Fleischküchle ohne Brot. Wie sich später herausstellte, hatte der Wirt vergessen Brot einzukaufen.

Inzwischen studierte ich die Wände der Gaststube. Dort hingen die üblichen Bilder, eine Kuckucksuhr und einige Zinnteller. Da entdeckte ich ein Holzbrett, darauf war folgender Spruch eingebrannt:

Dem Ochsen gibt das Wasser Kraft,
der Mensch trinkt Bier und Rebensaft.
Drum trinken wir nur Bier und Wein,
denn wer will schon ein Rindvieh sein.

An diesen Spruch hielten wir uns im Laufe des Abends. Bevor wir auf die Zimmer gingen fragte ich den Wirt: >>wann stehen Sie denn morgens auf?<< Der Wirt: >>wenn der erste Sonnenstrahl in mein Zimmer fällt.<< >>Donnerwetter<<, sagte ich beeindruckt, >>dann sind Sie aber zeitig auf den Beinen.<< >>Wieso?<< meinte der Wirt, >>mein Zimmer geht nach Westen raus.<<

Auf dem Weg zu unserem Zimmer begegnete uns das Zimmermädchen. Sie deute auf einen Klingelknopf an der Wand und sagte: >>einmal für mich und zweimal für den Nachtportier.<< Benno sagte scherzend: >>und wenn ich dreimal klingle?<< Das Zimmermädchen lachte: >>macht auch nichts, die Klingel ist sowieso kaputt.<<

Das Zimmer teilte ich mit Edgar. Als wir uns auszogen sah ich, dass er einen Hüfthalter trug. Ich wunderte mich und fragte: >>seit wann trägst du denn so etwas?<< >>Seit meine Frau das Ding im Handschuhfach meines Autos gefunden hat<<, meinte Edgar.

Mitten in der Nacht wachte ich auf. Ich hörte wie Edgar zählte: >>eins, zwei, drei, vier, fünf…<< >>Was zum Teufel tust du denn da?<< fragte ich. >>Ich zähle Schafe, weil ich nicht einschlafen kann<<, meinte Edgar. >>Warum versuchst du es nicht mit Schlaftabletten?<< fragte ich. >>Gut, ich probiers mal<<, meinte Edgar und fing wieder an: >>eins, zwei, drei vier, fünf....<<

Spät in der Nacht schlich sich Edgar in die Küche um sich noch eine Tasse Kaffee zu holen. Der Wirt hatte ihn aber gehört und überraschte ihn: >>warum haben Sie denn nicht geklingelt. Neben der Tür ist doch der Klingelknopf?<< >>Klingelknopf?<< fragt Edgar erstaunt, >>davon hatte ich keine Ahnung. Das Zimmermädchen sagte zu mir, das sei die Feuerglocke und ich solle ja nicht daran läuten.<<

Am nächsten Morgen stellte sich heraus, dass es doch einen Dusche gab. Der Wirt hatte wohl einen Scherz gemacht, oder er wollte Wasser sparen. Ich freute mich und wollte nun ausgiebig duschen. Die Dusche war eiskalt. Ich habe ja nichts gegen eine kalte Dusche am Morgen, vorausgesetzt, das Wasser ist angenehm warm. An diesem Tag verzichtete ich also aufs duschen.

7. Etappe Hausach - Wilhelmshöhe

Am Montag legten wir den geplanten Ruhetag ein. Nun konnten wir den ganzen Tag im Wirtshaus sitzen oder die Stadt besichtigen. Wir entschieden uns für beide Möglichkeiten.

Nach dem Frühstück machten wir erstmal ausgiebig Frühschoppen. Gegen Mittag machten wir einen kurzen Stadtrundgang. Manchen Häusern sah man an, dass die ursprünglichen Bewohner schon lange nicht mehr darin wohnten. Am späten Nachmittag fielen wir wieder in die Gaststätte ein.

Alfons packte selbstgebackene Kekse aus, die ihm seine Freundin mitgegeben hatte. Wir machten uns gemeinsam über die Kekse her. Die waren so lecker, dass Alfons auch noch den letzten Krümel auf dem Tisch auflas. Der schmeckte aber seltsam. Als er ihn wieder ausspuckte sah er, dass es eine tote Stubenfliege war.

Der Abend zog sich so dahin. Da meinte Edgar: >>hier im Ort ist ein kleines Theater, da könnten wir heute Abend doch hingehen.<< Er rief den Wirt an den Tisch: >>he Wirt, was wird denn heute im Theater gespielt?<<

>>Nichts<<, meinte der Wirt, >>das Theater ist wegen eines Todesfalles geschlossen worden.<< >>Wer ist denn gestorben? Der Hauptdarsteller?<<, fragte Edgar. >>Nein<<, meinte der Wirt, >>der letzte Zuschauer.<< Also blieben wir sitzen.

Bald wurde der Wirt geselliger und erzählte von Früher: >>im Winter, wenn es bitterkalt war, war es auf der Wilhelmshöhe noch viel kälter. Wenn die Leute es dort oben nicht mehr aushielten, kamen sie nach Hausach herunter und wärmten in unseren Misthaufen ihre Füße. Heute will das keiner mehr zugeben.<< Edgar sagte: >>das glaube ich<<, obwohl er es nicht glaubte. Der Wirt erzählte weiter: >>und wisst ihr was? Die hatten früher noch nicht mal einen Friedhof.<< >>Warum nicht?<<, fragte ich. >>Weil alle im Gefängnis gestorben sind<<, meinte der Wirt.

Nachdem wir stundenlang getrunken hatten meinte Alfons: >>jetzt stehen wir alle mal auf. Wenn wir das noch können, saufen wir weiter. Wenn wir nicht mehr aufstehen können, gehen wir auf unsere Zimmer.<<

Bevor wir uns zurückzogen sagte ich zum Wirt: >>noch etwas, wir frühstücken morgen früh um 6 Uhr, wir müssen früh los.<< >>In

Ordnung<<, sagte der Wirt, >>wenn ich noch nicht da bin, fangen Sie ruhig schon mal ohne mich an.<<

Am nächsten Morgen kam Benno in die Gaststube. Der Wirt war tatsächlich schon auf und fegte die Stube aus. Benno: >>Gestern muss ja noch ganz schön was los gewesen sein. Warum habt ihr den Boden mit Sägespänen bestreut?<< >>Sägespäne?<<, lachte der Wirt, >>das sind die Möbel von gestern Abend.<<

Nun kam auch Alfons dazu und meinte: >>he Wirt, ich habe gestern Abend in der Gaststube 20 Euro verloren.<< >>Tut mir Leid<<, meinte der Wirt, >>es wurde nur ein Hunderter abgegeben.<< >>Macht doch nichts<<, meinte Alfons, >>ich kann rausgeben.<<

Am nächsten Morgen stand uns eine schwere Etappe bevor. Sie war mit 20 km zwar nicht so lang, hatte aber gewaltige Anstiege. Deshalb gingen wir schon sehr früh los. Der Pensionswirt verabschiedete sich von uns und meinte freundlich: >>hoffentlich denken Sie auch mal zu Hause an uns.<< >>Jeden Tag<<, erwiderte Alfons, >>und zwar immer dann, wenn wir eines Ihrer Handtücher benutzen.<< Der Wirt lachte herzlich, er hielt das ganze für einen Scherz. Es war aber keiner.

Am Dienstagmorgen begannen wir mit schweren Köpfen die 7. Etappe von **Hausach** bis zur **Wilhelmshöhe.** *Die Strecke von Hausach zur Wilhelmshöhe zählt zu den anstrengendsten Etappen des Westweges.*

Bis zur **Burgruine Husen** war es noch relativ einfach. Wir konnten den Bergfried bewundern, der hoch über der Stadt thronte.

Die Burg Husen, auch Castrum Husen genannt, wurde im 13. Jahrhundert von den Zähringern erbaut, um die Silberbergwerke des mittleren Kinzigtales zu schützen. Während des Dreißigjährigen Krieges wurde die Burg von Weimarer Truppen zerstört. Heute sind nur noch Teile der Mauer, der sogenannte Batterieturm und der Bergfried erhalten.

Hinter der Burg gingen wir auf einem schmalen Pfad den Wald hinauf. Es war zwar kein richtiger Urwald, aber sehr nahe dran. Der Wald sah anders aus, wie normale Wirtschaftswälder. Die Bäume waren seltsam verwachsen, was wohl am Schneedruck liegt, der in dieser Gegend besonders heftig ist.

Hier sahen wir auch viel Totholz, auf dem schon wieder winzige Pflänzchen keimten.

Am Anfang kamen wir noch gut voran, dann wurde es immer steiler. Inzwischen brach die Sonne durch den Nebel und bescherte uns erste Ausblicke auf die alten vermoosten Felsen, die überall herumlagen. Aber, selbst wenn man glaubt, sich in reiner Natur zu befinden, taucht neben einem Waldpilz ein verschissenes Papiertaschentuch auf, das der Regen an einen Felsen geklebt hatte.

Dieser Anstieg entsprach nicht unserem Geschmack. Es ging immer steiler den Berg hoch. Wir passierten den **Kohlenmeiler** und erreichten nach vielem Schwitzen und Schnaufen bald darauf ein kleines Häuschen, **Schmids Wandereckle**. Benno wollte sofort eine Pause machen. Wir waren von dem Anstieg auch sichtlich mitgenommen, deshalb hatte keiner etwas dagegen.

Im Freien waren einige Tische und Stühle aufgestellt. Dort setzten wir uns. Unter dem Tisch pickte ein Huhn Krümel auf. Das nervte Benno so, dass er raunzte: >>verschwinde, sonst bestelle ich dich.<< Das Huhn verschwand tatsächlich.

Am Nebentisch saßen andere Wanderer. Darunter war ein Angeber, der ständig von seinen Jakobswegerfahrungen in Spanien erzählte. Der ging uns ganz schön auf die Nerven.

Trotzdem machten wir ausgiebig Pause und betrachteten die schöne Landschaft um uns herum. Bis auf Alfons, der hatte am Nebentisch eine hübsche, junge Frau entdeckt und baggerte sie sofort an: >>darf ich Sie zu einem Glas Wein einladen?<< >>Nein Danke<<, sagte die Schöne. >>Aber was haben Sie denn gegen ein Glas Wein?<< fragte Alfons. >>Eigentlich nichts, aber nach dem dritten Kind bin ich vorsichtiger geworden<<, meinte die Schöne.

Edgar hatte sich inzwischen mit einem Mann hinter ihm unterhalten. Dann sagte er zu uns: >>stellt euch vor, der Mann hinter mir ist Urologe.<< Benno bemerkte: >>früher hieß das noch Uhrmacher.<<

Nach der Pause ging es erst richtig los. Der schmale Pfad führte im Zickzack den steilen Berg hinauf. Der Anstieg war anstrengend, bis wir das **Haseneckle** erreichten. Von nun an ging es noch steiler den Berg hinauf, bis zum Bergrücken. Auf dem schmalen

Bergrücken wanderten wir weiter, bis zur **Hasemannhütte** auf dem **Farrenkopf** (Schwarzwald-Rigi). Nun kamen wir auf einen steinigen Weg, aber es ging wenigstens steil hinab. Den **Schorrenkopf** ließen wir rechts liegen. Und schon ging es wieder aufwärts, vorbei an der Schanze zum **Büchereck** bis zur **Büchereck-Hütte**. Die konnten wir nicht auslassen. Inzwischen war auch Vesperzeit und die Pause hatten wir uns verdient. Wir kehrten ein.

Eigentlich waren wir mit einem Wurstbrot zufrieden, aber Benno wollte unbedingt ein Schnitzel. Also richteten wir uns auf eine längere Pause ein. Schon bald kam das Schnitzel und alle schauten gebannt auf Benno. Der nahm den ersten Bissen, schüttelte den Kopf, verzog das Gesicht und meinte: >>des kann ma net esse, des isch jo zäh wie a Schuhsohl.<< >>Ach ja<<, meinte der Hüttenwirt knurrig, >>dann nageln Sie es doch unter ihren Schuh.<< >>Habe ich probiert<<, meinte Benno, >>aber die Nägel sind abgebrochen.<< Wir waren schneller wieder aus der Hütte raus, als wir uns vorgestellt hatten. Der Hüttenwirt hatte uns rausgeworfen. Aber das machte uns nichts aus, wir freuten uns schon auf die nächste Hütte.

Nun gingen wir weiter auf dem Bergrücken entlang. Bald kamen wir an der **Hornberger Kolpinghütte** vorbei und sahen vor uns die **Hirlachschanze.** Nach der Schanze ging es wieder steil bergab, durch einen Haselnusswald, bis wir den steilen Aufstieg zum **Huberfelsen** erreichten. Heute blieb uns nichts erspart. *Der Huberfelsen erhebt sich wie ein Schiffsbug aus dem Wald. Er wurde nach dem Triberger Obervogt Theodor Huber benannt, der als „Wohltäter der Armen“ galt.*

Vom **Huberfelsen** zum **Hirzeckle** war es nur noch ein Katzensprung, aber schon ging es wieder steil den Berg hinauf zum **Karlstein.** *Der Karlstein hieß eigentlich ursprünglich Hauenstein, wurde aber umgetauft, nachdem Herzog Karl Eugen von Württemberg den Berg bestiegen hatte.*

Auf den letzten Metern mussten wir durch einen Felsensteig. Wenigstens war der mit Geländern gesichert. Nun standen wir auf dem *Karlstein.* Vom 25 Meter hohen Granitblock hatten wir einen herrlichen Rundblick über den gesamten Mittleren Schwarzwald.

Neben mir stand ein Bauer, wohl ein Einheimischer. Ich sagte zu ihm: >>hier geht es aber ziemlich in die Tiefe. Hier gehört doch ein Geländer hin.<< >>Das hat keinen Zweck und ist auch viel zu teuer<<, meinte der Bauer, >>früher war hier ja ein Geländer, aber die leichtsinnigen Wanderer rissen es immer wieder mit hinunter.<<

Dann meinte ich: >>hier soll es doch so ein tolles Echo geben. Wo ist das denn geblieben?<< Der Bauer schüttelte traurig den Kopf: >>ja, ja, der Echo-Sepp war schon ein Original, aber leider ist er gestorben und liegt auf dem Friedhof. Kein Echo-Sepp – kein Echo.<<

Vom **Karlstein** führte uns nun ein stufiger Weg hinab zum **Gasthaus Schöne Aussicht**. Dort ließen wir uns erschöpft nieder. Diese Pause hatten wir uns wirklich verdient.

Wir erzählten von dem Ereignis in der letzten Hütte. Die Hüttenwirtin fragte Benno: >>was haben Sie denn gegessen?<< >>Schnitzel<<, antwortete Benno. >>Mit Appetit<<, fragte die Wirtin? >>Nein, mit Kartoffelsalat<<, meinte Benno. Die Wirtin verstand Spaß und warf uns nicht raus.

Nach einer längeren Pause brachen wir wieder auf. Schon aus der Ferne sahen wir das **Gasthaus Rendsberg**. Benno wollte schon Richtung Gasthaus abbiegen, aber wir zogen ihn mit Mühe weiter. Murrend stolperte er hinterher. Als wir in der Höhe des Gasthauses waren sahen wir ein für den Schwarzwald typisches Schild an der Tür: „Dienstag Ruhetag". Offensichtlich hatten wir also bis hierher Glück gehabt. Vor dem **Erwin-Schweizer-Heim** bogen wir rechts ab und kamen an einem Fischteich vorbei. Dann gingen wir einen steilen Wiesenpfad hinauf bis zum **Silberbergweg** und standen bald vor der **Vesperstube Silberberg.** Benno sah uns erwartungsvoll an.

Die Vesperstube war schon verlockend, aber bis zum Etappenziel **Wilhelmshöhe** war es nicht mehr weit. Trotzdem kehrten wir ein und machten es uns mit einer Flasche Wein gemütlich. Nach einer Stunde verlangte Alfons die Rechnung. Er bekam sie und beschwerte sich sofort: >>hier stehen zwei Flaschen Wein, wir hatten aber nur eine.<< Der Hüttenwirt schaute sich verlegen um und meinte: >>wissen Sie, daran ist das verdammte Echo hier Schuld.<< Dann korrigierte er die Rechnung.

Aber dann bekam ich doch noch mein Echo. Als wir durch eine kleine Schlucht wanderten musste ich plötzlich nießen. Hinter mir hörte ich auch einige Leute nießen und drehte mich um. Da waren aber keine Leute. Ich war der letzte in der Gruppe. Ich sagte zu Benno: >>na, die Akustik hier in der Schlucht ist aber nicht schlecht.<< Benno nickte und meinte: >>jetzt wo du es sagst, rieche ich es auch.<<

Noch einmal gingen wir den Berg hinauf und kamen am **Bauernhof Gummele** vorbei. An der Tür zum Bauernhaus stand ein kleiner Bub und bemühte sich an die Klingel zu kommen. Der Klingelknopf war aber zu hoch für ihn. Hilfsbereit trat Edgar zu ihm hin und klingelte für ihn. Der Bub bedankte sich und meinte: >>jetzt müssen wir aber schnell abhauen.<<

Wir liefen nun tatsächlich schnell um die Ecke, wobei der Bub eindeutig der schnellste war. Da sahen wir den Bauern. Er war gerade dabei, seine Frau und seinen Sohn auf dem Autodach festzuschnallen. Ich rief gleich bei der Polizei an: >>da ist einer, der schnallt seine Frau und seinen Sohn gerade aufs Autodach. Sie müssen sofort eingreifen.<< Der Polizist am anderen Ende meinte lachend: >>ach was, den kennen wir. Das ist der Huber-Bauer. Der fährt in die Waschanlage.<<

Als wir an einer Kuhweide vorbeikamen rannten plötzlich einige Rindviecher mit heraushängenden Zungen und weit aufgerissenen Augen den Hang hinunter, direkt auf uns zu. Nach unserer letzten Begegnung mit Kühen waren wir vorsichtig geworden und ich rief schnell: >>geht in Deckung.<< Aber die Kühe stoppten dicht vor einem Elektrozaun. Die waren nur neugierig.

Erleichtert gingen wir weiter und erreichten bald den Waldrand. Dort entdeckten wir einen Hexenring von etwa 5 Meter Durchmesser. Es war eine ringförmige Anordnung von Pilzen. Früher glaubte man, dass an solchen Orten die Hexen einen Tanz aufführten. Deshalb Hexenring. Nachdem wir zwei weitere kleine Wäldchen durchquert hatten standen wir vor dem **Gasthaus Wilhelmshöhe**. Wir waren am Ziel und quartierten uns im Gasthaus ein.

Diese Etappe hatte uns ziemlich geschlaucht und wir legten am Mittwoch einen weiteren Ruhetag ein. Damit verlängerte sich zwar die geplante Reisezeit, aber das war uns egal. Zeit war das einzige, von dem wir genug hatten.

Ich fragte an der Rezeption: >>ist die Übernachtung billiger, wenn wir 1 Woche bleiben?<< Das Fräulein an der Rezeption antwortete: >>das kann ich Ihnen nicht sagen, mein Herr, so lange ist bisher Keiner geblieben.<<

8. Etappe Wilhelmshöhe – Kalte Herberge

Am Donnerstagmorgen starteten wir zur nächsten Etappe von der **Wilhelmshöhe** zur **Kalten Herberge**. Auf dieser Etappe gab es keine nennenswerten Höhenunterschiede. Wir bewegten uns ständig zwischen 1000 und 1100 Metern. Wir konnten also unsere Knie schonen.

Vom **Gasthaus Wilhelmshöhe** aus gingen wir durch das mächtige **Felsenportal Wilhelmshöhe** und kamen auf einen Bohlensteg. Am Ende des Steges betraten wir den Wald. Von Westen zogen düstere Wolken heran und das schöne Wetter verschwand im Osten.

Inzwischen begann es zu regnen. In dieser Höhe war das auch mit Nebel verbunden. Nun musste unser Regenschutz zeigen, was er kann. Von außen blieben wir tatsächlich trocken, aber von innen waren Hose und Hemd total nass, vom Schweiß.

Wir kamen am **Löschteich** des **Wolfbauernhofes** vorbei und gingen nun auf dem Pfad zum **Blindensee.** Der Pfad führte weiter ins Hochmoor hinein und wir kamen auf einen Bohlensteg. Benno musste zu seiner Sicherheit nun wieder die Spitze übernehmen.

Schließlich erreichten wir den **Blindensee**. *Der Blindensee, ein Hochmoorsee, hat seinen Namen vom nahe gelegenen Blindenhof, zu dem der See auch heute noch gehört. Der Hof selbst wurde im 17. Jahrhundert nach seinem erblindeten Besitzer benannt.*

Während wir vorsichtig auf dem Bohlensteg entlang gingen, kam uns ein Jäger entgegen. Wir fragten ihn nach Geschichten über den Blindensee. Er ließ sich nicht lange bitten und mitten auf dem Bohlensteg erzählte er uns einige Legenden vom Blindensee:

Wenn es Nacht wird wandelt der See sein Gesicht. Er liegt düster im Mondlicht und die Geräusche werden unheimlich. Viele Sagen ranken sich um den See. Nächtliche Wanderer wollen schon eine weiße Hand aus dem See herausgreifen gesehen haben. Die Hand eines Menschen, der ertrank und dessen Seele keine Ruhe findet.

Es gab angeblich einmal 2 Bauernhöfe, die auf der heutigen Fläche des Naturschutzgebietes gelegen haben sollen. Die beiden Bauern der Höfe waren über Jahre tief zerstritten. Eines Tages zuckte ein Blitz vom

Himmel herab und zerstörte beide Höfe vollständig. Der Blitz schlug eine tiefe Senke in den Boden und über Jahre füllte sich das Becken mit Regenwasser und bildete den heutigen See und das umliegende Moor.

Eine weitere Legende erzählt von einem Bergbauern, der mit seinem Fuhrwerk in der Nacht auf der Hochebene unterwegs war. Während der Fahrt schlief er ein, aber seine treuen Zugtiere trotteten arglos weiter, geradewegs ins Moor hinein. Der Boden gab unter dem Gewicht des Fuhrwerks nach und Zugpferde, Fuhrwerk und der Bauer versanken kurz vor dem Blindensee im Moor. Als man anfing, nach dem Bauern zu suchen, fand man schnell die Spuren seines Fuhrwerkes, die ins Moor führten. Allen war klar, was da passiert sein müsste. Aber 3 Tage später tauchte der Totgeglaubte samt Fuhrwerk und Zugtieren auf einem Feldweg bei Kehl wieder auf. Vom See bis nach Kehl sind es immerhin 60 Kilometer.

Vom **Blindensee** gingen wir auf dem Bohlensteg weiter bis zum Waldrand. Dann kamen wir auf einen grasigen Pfad in den Wald hinein und bald erreichten wir die **Weißenbacher Höhe.**

Nun verließ der Weg den Bergkamm und führte durch das **Elztal** hinüber zum Hauptkamm. Der Weg führte um eine Kuhweide herum. Benno wollte, dass wir eine Abkürzung über die Kuhweide benutzen. Trotz unserer schlechten Erfahrungen mit Rindviechern ließen wir uns überreden.

Kaum hatten wir die Weide betreten, sauste schon ein Bulle den Hang herunter, direkt auf uns zu. Wir sahen seine bedrohlichen Hörner und hörten sein wütendes Schnauben. In rekordverdächtiger Zeit rannten wir alle Vier den Hang hinunter und brachten uns in Sicherheit. Diesmal war sogar Benno, mit seinen kurzen Beinen, der Schnellste.

Wir passierten die kleine **Elzquelle** und erreichten den **Berggasthof Zur Martinskapelle**. Plötzlich läutete die Glocke. Alfons fragte verwundert: »warum läutet jetzt die Glocke?« Edgar: »vermutlich weil unten einer am Seil zieht.«

Hier entspringt ganz unscheinbar die Breg, die sich bei Donaueschingen mit der Brigach zur Donau vereinigt. Seit nun 500 Jahren streiten sich Donaueschingen und Furtwan-

gen um die Donauquelle. Nach Auffassung der Donaueschinger entsteht die Donau im Garten des Fürstenbergischen Schlosses in Donaueschingen. Hier ist der Zusammenfluss der beiden Quellflüsse Breg und Brigach. So wurde es von den Fürsten von Fürstenberg behauptet. Dies wird jedoch von den Furtwangern in Frage gestellt. Für die befindet sich die geographische Quelle ohne Zweifel bei der Bregquelle unterhalb der Martinskapelle. Der Streit dauert noch an.

Der Gasthof zog uns magisch an und wir machten die erste Pause. Fürs Essen war es noch zu früh, aber gegen ein kühles Bier war nichts einzuwenden.

Als wir die Gaststube betraten, war kein Mensch zu sehen. Am Eingang hatten wir zuvor ein Schild gelesen: „Bedienung gesucht.“ Wir wollten schon wieder umdrehen, da schlurfte eine schlecht gelaunte Wirtin aus der Küche heraus.

Während die Wirtin das Bier zapfte, sah ich auf der Theke eine wunderschöne Vase. Ich stand auf und ging zur Theke: >>da haben Sie aber eine sehr schöne Vase, Frau Wirtin.<< >>Ja, da ist die Asche von meinem Mann drin<<, meinte sie. >>Oh, das tut mir aber Leid<<, meinte ich . >>Ach was<<, meinte die Wirtin, >>das Ferkel ist nur zu faul um einen Aschenbecher zu holen.<<

Nun sah sie mich genauer an und knurrte: >>mit ihrem Bart sehen Sie aber hässlich aus.<< Verärgert antwortete ich: >>erlauben Sie mal, den trage ich schon seit 20 Jahren.<< Dann fragte ich: >>wie lange haben Sie ihren schon?<< Jetzt war sie verärgert und murmelte so etwas ähnliches wie „Alter Sack" oder „Arschgesicht". Genau verstanden hatte ich sie nicht, aber mich konnte sie ja sowieso nicht meinen.

Nun meldete sich Edgar zu Wort und erzählte uns die Legende von der Martinskapelle. Wir dachten schon, heute blieben wir verschont, aber Edgar legte gleich los:

Ein frommer Ritter, der im Bregtal ein Schloss besaß hatte sieben schöne Töchter. Zum Andenken an seine verstorbene Gemahlin und zum Dank für das Gottesgeschenk, das die tugendhaften Töchter darstellten, wollte er in der Nähe seines Schlosses eine Kapelle bauen. Bevor es aber dazu kam, schwärmten die wilden Hunnen in das Land und erreichten auch das Tal der Breg. Trotz heldenhaften Widerstandes fielen die Verteidiger des Schlosses und das Schloss ging in die Hände des Feindes über. Die wilde Horde drang in den Saal ein, in dem die sieben Jungfrauen beteten. Als die Eroberer sich den Mädchen näherten und zudringlich wurden, baten die Bedrängten ihren Heiland, er möge sie in Engel verwandeln. Der Herr erfüllte dieses Flehen und plötzlich erhoben sich die Jungfrauen in Gestalt von sieben Engeln über die Köpfe der Hunnen, schwebten aus dem Saal und ließen sich neben der Quelle nieder, wo die Kapelle entstehen sollte. Dieses Wunder vertrieb die Ungläubigen, die aus dem Tal abzogen. Über dem Platz wurde dann die vom gefallenen Ritter geplante Kapelle erbaut.

Nach unserer Pause machten wir uns mit frischer Kraft auf den Weg und natürlich mussten wir auch die Quelle besuchen. Wir folgten dem Weg bis zum **Gasthof Kolmenhof**. Von dort aus führte ein Pfad direkt zur Quelle. Dieser Besuch gehörte einfach zum Pflichtprogramm jedes Wanderers.

Nach einer Legende hatte der Kolmenhofbauer um 1900 ein Gelübde abgelegt, wonach er Gott zu Ehren und als Dank die ehe-

malige Kapelle wieder als Kirchengebäude herrichten wollte, würde Gott ihn und seine Familie aus wirtschaftlicher Not befreien. Er wurde erhört und die Kapelle wurde wieder in ihren alten Zustand versetzt, indem auch ein Türmchen wieder an die alte Stelle kam.

Für einen Besuch des **Kolmenhofes** blieb uns noch Zeit. Ich sagte zum Kolmenhofbauer: »hier ist es ja stinklangweilig. Hier ist überhaupt nichts los.« »Erlauben Sie mal«, meinte der Bauer entrüstet, »nächste Woche haben wir hier eine Mondfinsternis.«
Dann setzte er sich zu uns und erzählte vom **Balzer Herrgott in Wildgutach**:

Sie finden den Balzer Herrgott zwischen Wildgutach und Neukirch-Fallengrund. Sie erreichen ihn über das Hexenloch in Wildgutach, nahe der Bregquelle. Im Stamm einer riesigen Buche ist der steinerne Christuskörper fast völlig eingewachsen. Er ist das Ziel vieler Wanderer. Für viele ist der Balzer Herrgott zum Wallfahrtsort geworden. Angeblich haben einst zwei Gütenbacher Uhrmachergesellen die Christusfigur an die Buche gelehnt. Die wachsende Buche umman-

telte die Christusfigur Jahr um Jahr, bis schließlich nur noch ein Teil des Kopfes sichtbar war. Der Holzschnitzer Rombach aus Gütenbach legte Kopf und Brust wieder frei, so dass dieses Naturdenkmal von den Wanderern immer noch bewundert werden kann. Vielleicht ist es in einigen Jahren ganz zugewachsen. Sie sollten also unbedingt vorbeischauen.

Wir dankten dem Bauer und gingen weiter. Natürlich besuchten wir den **Balzer Herrgott** nicht sondern gingen, am **Kolmenkreuz** vorbei, bis zum **Günterfelsen.** *Der mächtige Günterfelsen ist ein Naturdenkmal aus der Eiszeit. Man kann um ihn herumgehen, darauf herumklettern oder einfach nur schöne Fotos machen. In den Jahren nach 1933 wurde die Felsgruppe Albert Leo Schlageter Felsen getauft. Seit Kriegsende ist es wieder der Günter-Felsen. Seinen Namen hat er vom ersten Bauern, auf dessen Grundstück diese Felsgruppe stand – Heinrich Günter. Hätte der Bauer Müller geheißen wäre es heute der Müller-Felsen.*
Von dort aus gingen wir nun steil hinauf zum **Naturfreundehaus Brend**. Und weiter

direkt hinauf zum **Brendturm**. Mühsam stiegen wir hinauf. Heute hatten wir klare Sicht und sahen vom Aussichtsturm fast den gesamten Westalpenkamm von der **Zugspitze** zum **Montblanc**. Auf dem Turm stand ein Einheimischer und sagte stolz: >>von hier aus kann man am weitesten sehen.<< Benno: >>bis zu den Alpen?<< Der Einheimische: >>viel weiter.<< Alfons: >>bis nach Afrika?<< Der Einheimische: >>viel weiter.<< Edgar: >>bis nach Amerika?<< Der Einheimische: >>viel weiter.<< Alle Drei: >>das verstehen wir nicht.<< Der Einheimische sagte: >>bis zum Mond<< und ging die Treppe hinab.

Nach einer kurzen Pause stiegen wir auch wieder hinab und machten uns auf den Weg zum **Neueck.** Nach einiger Zeit kamen wir an der **Heubacher Höhe** vorbei. Nun gingen wir am Waldrand entlang, über einen Forstweg, vorbei am **Hohlen Bildstöckle**. Hier konnten wir auch feststellen, dass die Waldbrandgefahr im Schwarzwald viel geringer geworden ist. Die Dosen, Flaschen und Plastikabfälle, die Ausflügler überall hinterließen, bestanden ja aus unbrennbarem Material.

Über die Wiesen gingen wir nun hinunter auf die Straße zur **Kalten Herberge**. Nachdem wir noch einige Probleme mit freilaufenden Ziegen hatten, erreichten wir unser Ziel. *Die Herberge bot einst den Fuhrleuten Unterkunft und Verpflegung. Um den Namen der Kalten Herberge ranken sich wilde Gerüchte. Hier soll es mal im Juni so kalt gewesen sein, dass ein Handwerker auf der Ofenbank erfroren ist. Wahrscheinlich kommt der Name aber vom alten Schwarzwälder Begriff „verkalten" was so viel wie verstecken bedeutet. In den Kellergewölben des Gasthauses sollen die Bürger der Umgebung in unruhigen Zeiten Wertgegenstände eingelagert haben.*

In der Herberge quartierten wir uns ein. Als es langsam Dunkel wurde suchte ich im Zimmer den Lichtschalter. Ich fand keinen und ging hinunter zum Wirt: >>he Wirt, sie schreiben doch elektrisches Licht sei im Haus?<< >>Freilich<<, sagte der Wirt und drehte sich zu seiner Kellnerin um, >>he Lisa, wo isch denn die Taschenlamp, die voriges Jahr einer zurückgelassen hat?<<

Dann sagte er zu mir: >>das war ein Witz, selbstverständlich haben wir elektrisches Licht. Der Schalter ist aber auf dem Gang, außerhalb vom Zimmer.<<

Also ging ich wieder zurück und fand auch den gewissen Schalter. Nach einiger Zeit ging das Licht wieder aus. Ich untersuchte die Lampe und sagte zu Benno, mit dem ich das Zimmer teilte: >>fass doch mal diesen Draht an. Fühlst du etwas?<< >>Nein<<, sagte Benno, als er den Draht berührt hatte. >>Gut<<, sagte ich, >>dann ist der Strom auf dem anderen Draht.<<

Den Abend verbrachten wir in der Gaststube. Nach einigen Gläsern fasste sich Alfons etwas Mut und rief: >>he Wirt, sehen Sie die Blonde am Tresen? Tolles Weib. Glauben Sie, die lässt sich von mir ins Bett bringen?<< >>Schwer zu sagen<<, meinte der Wirt belustigt, >>aber wenn es klappt, geben Sie mir Bescheid.<< >>Und warum?<< meinte Alfons. >>Weil sie meine Frau ist<<, meinte der Wirt.

Am nächsten Morgen stöhnte Benno: >>ich glaube, ich habe eine Lederallergie.<< >>Wieso denn das?<< fragte ich. Benno: >>als ich heute Morgen aufwachte, hatte ich die Schuhe noch an und nun brummt mir tierisch der Schädel.<<

>>Das ist doch gar nichts<<, meinte Alfons, >>ich bin gestern Abend mit 10 Glas Bier die Treppe runtergefallen.<< >>Ach, das warst

du?<< meinte ich, >>ich habe mich noch ge-
wundert, was da so rumpelte.<< >>Und, hast
du was verschüttet?<< fragte Edgar. >>Nein<<,
meinte Alfons, >>ich hatte die Lippen fest zu-
sammengepresst.<<

Bevor wir das Haus verließen sagte Alfons
noch zum Wirt: >>euer Schwein fand mich
sehr sympathisch, es wollte die ganze Nacht
in mein Zimmer hinein.<< Der Wirt: >>ist kein
Wunder, im Winter wohnt es ja auch dort.<<

9. Etappe Kalte Herberge – Titisee

Am Freitag stand uns mit 20 km eine normale Etappe bevor. Von der **Kalten Herberge** aus führte uns der Westweg entlang der B 500 in Richtung **Titisee.** Bald gingen wir einen steinigen Waldweg hinauf bis zur **Fernhöhe.** Von dort gingen wir weiter zur **Berggaststätte Lachenhäusle.** Wir hatten schon wieder Durst und wollten einkehren. Auf der Tür war ein Schild: „Heute Ruhetag." Pech für uns, also gingen wir weiter. Bis zum **Ruheckle** gingen wir nun ständig durch den Wald und erreichten bald das **Gasthaus Schweizerhof.** Benno drängte sich vor und wollte schon hineingehen, da sah er ein Schild an der Tür: „Wegen Renovierung geschlossen."

Nun waren wir schon durstiger, aber bis zum **Gasthaus Zum Kreuz** schafften wir es gerade noch. Aber auch hier waren die Fenster dunkel und auf der Tür stand: „Wegen Urlaub geschlossen."

Jetzt hatten wir die Nase voll und gingen weiter bis zur **Türkenlouis-Schanze** auf dem *Hohlen Graben. Die Türkenlouis-Schanze wurde bereits im Dreißigjährigen Krieg an-*

gelegt. Sie diente dazu, die Straße die durch den Hohlen Graben verläuft gegen die Schweden zu verteidigen. Um 1700 ließ der Markgraf Ludwig Wilhelm von Baden (Türkenlouis) ein 160 km langes Schanzensystem von Bad Säckingen nach Pforzheim bauen. Bei diesem System nahmen die Schanzen auf dem Hohlen Graben einen entscheidenden Platz ein.

Beim **Süßen Häusle** überquerten wir die Straße und gingen wieder in den Wald hinein. Bald verjüngte sich der Forstweg zu einem Pfad. Nun mussten wir noch die Skipiste und einen kleinen Bach überqueren, dann erreichten wir die **Hütte am Doldenbühl**.

Inzwischen war Vesperzeit, aber die Hütte war noch nicht geöffnet. Also gingen wir weiter auf einem Forstweg bis zur **Fahrenberger Höhe.** Wir folgten der **Fahrenhalde** und nun ging es steil den Berg hinauf zum **Blick auf Bernau**.

Wir folgten dem Weg weiter, vorbei am **Jockelshäusle** bis zur **Weißtannenhöhe**. Dann gingen wir weiter bis zur **Fürsatzhöhe.** Der Weg hinunter zur Fürsatzhöhe war grob geschottert, auf 2 Kilometer Länge. Auf die tiefen Seitengräben mussten wir besonders aufpassen. Hier fanden wir die erste Schutzhütte auf dieser Etappe. Die Hütte war total mit Graffiti beschmiert. Knapp unter dem Bergplateau lagen Kapelle und Gasthaus **Heiligenbrunnen.**

Nach der Legende soll sich die heilige Notburga nach einer langen Wanderung hier niedergelassen haben. Tatsächlich war die heilige Notburga aber eine schottische Königin, die nach dem Tod ihres Ehemannes mit ihren Kindern verjagt wurde und in den Schwarzwald flüchtete. Da sie durstig war, klopfte sie mit ihrem Stab auf einen Stein und sofort begann eine Quelle zu sprudeln. Noch heute ist die Quelle das Ziel vieler Frauen aus der Umgebung.

Edgar schwärmte von diesem Gasthaus und von den einheimischen Spezialitäten, die dort angeboten wurden. Bald erblickten wir das Gasthaus. Aber dicht vor uns war eine Gruppe von etwa 30 Wanderern und die steuerten zielstrebig auf das Gasthaus zu. Edgar reagierte sofort und rief: »ich überhole die Gruppe und reserviere uns einen Tisch.« Dann rannte er los. Tatsächlich erreichte er das Gasthaus vor der großen Wandergruppe.

Als wir auch dort eintrafen stand Edgar blass und schweißgebadet vor der Tür. Auf der Tür stand: „Heute Ruhetag." Edgars Ausdrücke waren sehr laut und nicht druckreif.

Wir gingen also weiter und erreichten bald das **Wanderheim Berghäusle**. Die Tür war verschlossen. Unter der Klingel stand „Klingel defekt, treten Sie einfach auf die Katze". Tatsächlich lag vor der Tür eine alte Katze. Wer schon mal auf eine Katze getreten ist weiß, wie Katzen schreien können. Benno war nicht mehr aufzuhalten und trat auf die Katze. Den Schrei vergesse ich nie mehr. Gleich darauf wurde die Tür geöffnet und Benno stürmte als erster hinein.

Nachdem wir auch noch Platz fanden bestellten wir etwas zu trinken und Schnitzel mit Pommes. Der Wirt kam aus der Küche und meinte: >>der Thermostat meiner Friteuse ist verreckt.<< Benno meinte enttäuscht: >>dann gibt es heute wohl keine Pommes, weil Sie die Temperatur des Öles nicht abschätzen können?<< Der Wirt antwortete grinsend: >>keine Angst, es gibt Pommes, ich spucke ins Fett und wenn es spritzt, stimmt die Temperatur.<< Wir waren nicht sicher, ob er einen Witz gemacht hatte. Deshalb änderten wir unsere Bestellung in Schnitzel mit Brot.

Benno bekam als Erster sein Schnitzel, nahm einen Bissen, verzog das Gesicht und sagte: >>des kann ma net esse.<< Bis wir unser Essen bekamen, hatte er bereits seinen Teller leergeräumt.

Nach der Pause gingen wir wieder eine längere Strecke durch den Wald, dann durch die Wiesen am **Geigershof.** Auf der Wiese herrschte reger Betrieb. Ein Bauer mähte mit seiner Maschine Gras. Das hatten auch die Bussarde mitbekommen. Etliche dieser Greifvögel kreisten über dem Traktor und warteten ab. Als der Bauer Pause machte und den Traktor am Wiesenrand abstellte, stürzten die Bussarde herab und erbeuteten aufgeschreckte Feldmäuse und andere Tiere. Das waren wirklich schlaue Vögel.

Wir gingen weiter und überquerten auf einer Brücke das **Altenwegbächle**. Dann erreichten wir auch schon den Stadtrand von **Titisee.** Wir kamen an schmucken Gasthäusern vorbei und erreichten nach wenigen Minuten unser Ziel, das **Kurhaus Titisee.**

Der Titisee ist der größte natürliche See des Schwarzwaldes. Nach der Legende stammt der Name vom römischen Feldherr Titus. Ihm gefiel es dort so gut, dass er dem See seinen Namen gab. Das ist wohl auch der Grund, warum der Nachbau einer römischen Galeere heute auf dem Titisee verkehrt.

Allerdings befinden sich im Kloster Allerheiligen in Schaffhausen alte Aufzeichnungen, in denen der Name Titinsee erwähnt wird. Auch der Aronstab, früher als Tittele bezeichnet, könnte der Namensgeber gewesen sein. Auch wenn er heute nicht mehr am Titisee vorkommt.

Nun war Zeit für Edgars Auftritt. Er erzählte uns einige Sagen vom Titisee:

Unterhalb der Seesteige stand in alter Zeit eine reiche Stadt mit einem Kloster. Die Bewohner der Stadt wurden aber immer verschwenderischer. Sie höhlten Weißbrotlaibe aus, verfütterten die Brosame an das Vieh und gingen in der Kruste, wie in Schuhen umher. Gott strafte die Bewohner und die Stadt versank in die Erde. An ihrer Stelle entstand der Titisee. Wenn der See spiegelglatt ist, sieht man manchmal im See weit unten den Kirchturm vom Kloster und hört die Glocken leise läuten.

Vor vielen Jahren brach der See an der Schanze auf der Höllensteige aus. Da kam in der Nacht eine alte Frau, sprach einen Zauberspruch und verstopfte mit ihrer Haube den Abfluss. Von der Haube verrottet jedes Jahr ein Faden und wenn der letzte verrottet ist bricht der See heraus und überschwemmt das ganze Dreisamtal. Zur Abwendung dieses Unglücks soll angeblich im Freiburger Münster täglich eine Messe gelesen werden.

Der Sage nach gilt der Titisee als Gewässer von unergründlicher Tiefe. Versucht man die Tiefe auszumessen ertönt aus der Tiefe: „ergründest du mich, so ersäufe ich dich." Oder: „willst du mich messen, so will ich dich fressen." Oder: „missest du mich, so verschling ich dich." So wird es von den Bauern erzählt. Tatsächlich ist der See aber nur 20 Meter tief. Dieselben Sprüche macht man übrigens auch über den Feldsee.

Hier am **Titisee** trafen wir auf Massen von Tagesausflüglern, die mit Bussen hierhergebracht wurden. Zahlreiche Andenkenläden mit allem möglichen Ramsch säumten die Straßen. Hier war die Einkaufsmeile vom Titisee.

Zwischen den Buden herrschte ein unbeschreiblicher Lärm. Edgar meinte: >>was für eine wundervolle Atmosphäre.<< Offenbar war er schwerhörig. Ich wurde von dem Lärm und dem Gedudel fast taub. Bevor wir einen Hörschaden erlitten, gingen wir schnell weiter. Am Seeufer waren einige Sitzbänke, aber alle waren mit weißer Farbe verschmiert. Trotzdem nahmen wir dankbar Platz. Erst da bemerkten wir, dass das keine weiße Farbe war, sondern Taubenscheiße.

Hier mussten wir nun wählen, ob wir lieber die West- oder die Ostvariante des Westweges weiter wandern. Beide Wege führen nach Basel. Wir entschieden uns für die Westvariante und verbrachten den Abend und die Nacht im **Kurhaus Titisee.**

Das Fräulein am Empfang gab uns den Rat, am nächsten Tag doch einen Abstecher zum **Sternwald** zu machen. Dann erzählte sie uns vom geheimnisvollen **Elfenbriefkasten.**

In der Nähe von Freiburg soll es auch heute noch Elfen, Zwerge und Drachen geben. Sie verstecken sich aber vor den Menschen an geheimnisvollen Orten, wo sie nicht gestört werden. Es gibt aber einen Ort, an dem man das Glück haben könnte, eine kleine Waldelfe zu treffen – im Sternwald. Dort kann man den Fabelwesen seine geheimsten Wünsche auf einem Zettel mitteilen und vielleicht werden sie auch erfüllt. Am Rande des Joggingpfades sind Wäscheleinen aufgespannt. Diese hängen voll mit solchen Zetteln.

Ich schaute mir das junge Fräulein genauer an, sie hatte tatsächlich etwas Elfenhaftes an sich.

Zum Abendessen trafen wir uns wieder in der Gaststube. Wir entschieden uns für das Tagesessen, Jägerschnitzel mit Pilzen, Spätzle und Salat. Das Essen kam auch bald und es duftete herrlich nach frischen Pfifferlingen. Wir schauten gebannt auf Benno. Benno nahm den ersten Bissen, verzog das Gesicht, schüttelte den Kopf und meinte: >>des kann ma net esse.<< Dann verputzte er die gesamte

Portion bis zum letzten Petersiliestengel. Wir atmeten auf. Endlich war er wieder normal.

Als Nachtisch gab es dünne Pfannkuchen, gefüllt mit Eis. Alfons lobte überschwänglich die hervorragenden „Crepes Suzettes", bis sich herausstellte, dass er seine Papierserviette gefressen hatte.

Am Nebentisch saß ein Bauer aus der Gegend. Der erzählte uns alte Geschichten über die Bräuche in der Christnacht und in den Raunächten zwischen den Jahren.

Sein Großvater, so erzählte er, sei in der Christnacht nie in den Stall gegangen. Dann sprechen die Tiere miteinander, habe er gesagt. Ein Bauer wollte mal wissen, worüber sich die Tiere im Stall in der Christnacht unterhalten. Er versteckte sich und lauschte. „Was schaffen wir morgen?" fragte ein Stier den anderen. „Morgen ist Weihnachtstag, da wird nicht gearbeitet", lautete die Antwort. „Ja und übermorgen?" Da sei Stephanstag, also ebenfalls frei. „Und am Tag danach?" „Da führen wir den Bauern zum Kirchhof." Vor Schreck sei der neugierige Bauer gestorben. Er wurde am dritten Tag beerdigt und die Stiere zogen den Leichenwagen.

Die Bäuerin auf dem Nachbarhof wäscht auch heute noch „zwischen den Jahren" grundsätzlich keine Wäsche. Sie beteuerte „dann wäscht man einen Menschen aus dem Haus."

Ein anderer Nachbar notierte sich stets, wie das Wetter zwischen Weihnachten und Dreikönig war. Jeder dieser Tage, hieß es, stehe für einen der zwölf Monate des neuen Jahres. Man könnte daraus ersehen, wie das Wetter des jeweiligen Monats wird. Auch wenn man in den Raunächten träume, sollen diese sich im entsprechenden Monat erfüllen.
Um die dunklen Gesellen der wilden Jagd nicht anzulocken, gab es gewisse Regeln und Bräuche. Die Menschen wuschen keine Wäsche, nahmen keine Hülsenfrüchte zu sich, pfiffen frühmorgens nicht und schlugen die Türen nicht laut zu. Es wurde weder gedroschen noch gesponnen, um keinen Zank und kein Ungeziefer ins Haus zu holen. Zwar fürchteten sich die Menschen vor den Geistern, sie stellten aber in der dunklen Zeit allerlei Leckereien vor das Haus. „Für die Armen", sagte man.

Die „Wilde Jagd" hat je nach Gegend verschiedene Namen. In Waldkirch der „Schwarzenberger". Im oberen Elztal der „Wittenbacher". Im Elsass der „Schimmelreiter". Im Simonswald der „Geißenmeckerer".

Auch für die Frauen und Mädchen gibt es seltsame Bräuche. Schneidet ein Mädchen in der Heiligen Nacht eine Zwiebel und streut Salz darauf, so werden sich bis am Morgen die Züge des zukünftigen Gatten auf der Oberfläche abbilden.

Ein anderer, drastischer Brauch, ist auch bekannt. Am Heiligabend soll eine junge Frau rückwärts die Stube ausfegen. Natürlich nackt. Dann sehe sie ihren Zukünftigen leibhaftig am Tisch sitzen.

Ein junges Mädchen wollte wissen, wie ihr Zukünftiger aussieht. Dazu musste sie am Heiligabend Wasser in eine Schüssel füllen und über Nacht gefrieren lassen. Als sie am nächsten Morgen die Abbildung auf dem Eis betrachtete, sah sie drei Särge. Im folgenden Jahr kamen ihre drei Brüder ums Leben.

Der Andreastag (30. November) ist der Tag für Liebeswünsche. Wenn an diesem Tag eine junge Frau vor dem Einschlafen die Bettdecke schüttelt und einen bestimmten Spruch aufsagt, sieht sie im Traum ihren zukünftigen Gatten. Den Spruch weiß ich leider nicht mehr.

Hier einige Regeln zu den Raunächten:
Wer in dieser Zeit eine Tür laut zuschlägt, hat im Sommer den Blitz zu fürchten.
Wer in dieser Zeit Hülsenfrüchte zu sich nimmt, bekommt Krätze, Geschwüre oder Ungeziefer und stirbt im nächsten Jahr.
Wenn die Eiszapfen in diesen Nächten lang sind, wird auch der Flachs lang.
Wer beim Heiligabendläuten die Schlösser von Türen und Truhen schmiert, dem bringt dies Reichtum.
Wer in der Weihnachtsnacht unbemerkt stiehlt, der wird das ganze Jahr nicht erwischt.
Wer am Neujahrsmorgen einen Taler in die Viehtränke legt und dann das Vieh saufen lässt, der kann das Vieh teuer verkaufen.

Wenn am Neujahrsmorgen die Sonne auf die Kanzel scheint, bevor der Pfarrer darauf steht, gibt es ein gutes Bienenjahr.

So viele Sterne man am Dreikönigsabend durch den Schornstein sieht, so viele Schoppen Wein darf man an diesem Abend trinken.

Eine Wünschelrute, die am Dreikönigstag geschnitten wird, ist unfehlbar.

Legt man an diesen Tagen zwölf Zwiebel-Halbschalen auf die Fensterbank und füllt Salz hinein kann man sehen wie der Monat wird. Bleibt die Schale trocken, gibt's einen trockenen Monat, wird sie feucht, gibt es Regen.

Nach dieser langen Erzählung waren wir nachdenklich geworden, tranken unsere Gläser aus und gingen schlafen.

10. Etappe Titisee – Notschrei

Unsere Etappe für den Samstag war mit fast 26 km wieder eine der größeren. Wir starteten am **Kurhaus Titisee** und kamen am Wochenmarkt vorbei. An einem Stand mit Melonen blieb Benno stehen. Er nahm die größte Melone in die Hand und sagte zur Marktfrau: »was, größerer Äpfel haben Sie nicht?« Die Marktfrau schrie ihn an: »lass deine Griffel von meinen Kirschen, du Blödmann.«

Nach dieser kurzen Begegnung gingen wir rechts am Seeufer entlang durch ein Tor in den Kurpark. Beim Strandbad verließen wir den Kurpark und gingen aus dem Ort heraus.

Vor dem Ort **Bruderhalde** führte nun der Weg im steilen Zickzack den Hang hinauf. Wenige Meter unterhalb des Weges lag ein Aussichtsfelsen mit Blick auf Ort und See. Diesen kleinen Umweg nahmen wir gern in Kauf. *Als Bruderhalde bezeichnet man einen kleinen Weiler südöstlich von Hinterzarten, wo der Seebach in den Titisee hineinfließt.*

Nun gingen wir weiter am **Campingplatz Bühlhof** vorbei auf einem Wiesenweg. Plötzlich rief Benno, der mit Abstand hinterher latschte: »Hilfe, Hilfe.« Wir kehrten um und schauten, was passiert war. Benno war in ein Schlammloch getreten und mit einem Bein stecken geblieben. Gemeinsam zogen wir ihn heraus und gingen weiter. Es war übrigens das einzige Schlammloch auf dem ganzen Weg. Wir passierten eine Pferdekoppel und erreichten den Waldrand. Dort ging es auf einem Waldweg ohne große Steigungen weiter, bis wir an ein Wegkreuz kamen, dem **Bankenhansenkreuz.**

Inzwischen hatte der Nebel aus dem Rheintal wieder die Macht übernommen und wir stolperten durch den nebligen Wald. Auf einmal rief Edgar, der Vorderste: »Vorsicht, auf dem Weg liegt ein totes Eichhörnchen.« Als wir näher kamen war das tote Eichhörnchen nur ein Stück Baumrinde. Wir lachten natürlich und Edgar musste sich so manchen Spott anhören. Immer, wenn wir abends zusammen saßen und tranken sagte Benno zu Edgar: »trink nicht soviel, sonst siehst du wieder tote Eichhörnchen.«

Wir passierten die **Keßlerhöhe** und gingen hinter dem Turm der **Adlerschanze** vorbei zum **Scheibenfelsen**. *Die Adlerschanze ist die größte, der vier Sprungschanzen in*

Hinterzarten. Sie wird auch zum Sommerski-springen benutzt.

Nun gingen wir auf dem **Hermann Dischler-Pfad** *(Freiburger Maler)* im Zickzack hinunter, vorbei am Rodelhang zum **Keßlerhof** in **Hinterzarten**. *Hinterzarten erhält größere Bedeutung durch eine Schwefelquelle. Jährlich kommen viele Pilger hierher und versprechen sich eine Linderung ihrer Augenleiden. Besonders wichtig ist dabei die gute Verkehrsanbindung durch die Höllentalbahn.*

Im **Keßlerhof** machten wir für eine Tasse Kaffee kurz Pause. Bevor wir die Gaststube wieder verließen schaute ein wild aussehender Bursche zur Tür herein und schrie: >>am Sonntag wird die Hex verbrennt.<< Die Wirtin schrie zurück: >>geh zum Deifel du Saukerle.<< Und der wilde Bursche verschwand wieder. Die Wirtin hatte unsere überraschten Gesichter gesehen und erklärte: >>am Sonntag haben wir Sonnwendfeier. Da wird eine Hexenpuppe verbrannt, damit werden die bößen Geister vertrieben. Ein alter Brauch bei uns.<< >>Und was wollte der Kerl?<<, fragte Edgar. >>Das war ein Säufer, der bei uns Hausverbot hat. Ist doch klar, wen er mit der Hexe mein-

te. Der kam heute schon zum dritten Mal<<,
sagte die Wirtin.

Nach der Pause im **Keßlerhof** ging es weiter, die Straße hinunter, am **Hotel Sonnenberg** vorbei. Dann passierten wir einen kleinen Weiher und gingen an den Wiesen des
romantischen **Zartenbach-Tales** entlang bis
zum Wegweiser **Stuckwald**. Hier zweigt der
Weg zum **Matthisleweiher** ab.

Plötzlich rannte ein großer Hund neben uns
her. Ich glaube es war eine Art Bernhardiner.
Er begleitete uns ein Stück, dann gab er Gas
und rannte davon. Er wollte uns wohl zeigen,
wer hier der Herr ist. Von seinem Besitzer
war weit und breit nichts zu sehen.

Auf den Abstecher zum **Matthisleweiher**
verzichteten wir und gingen weiter bis wir die
Häuser **Am Feldberg** erreichten. Von dort
ging es weiter zum **Rufenholzplatz** und dann
wieder steil bergauf, über einen Bach und
mehrere kurze Holzstege bis zum **Feldsee.**
*Der fast Kreisrunde Feldsee   (auch Feld-
bergsee) liegt mitten in einem Felskessel. Die
Tiefe ist nicht bekannt. Im klaren Wasser liegen zahlreiche Baumriesen. Das Baden ist
wegen der seltenen Unterwasserpflanzen
verboten. Den Feldsee durchfließt der See-*

bach, der zwischen Feldberg und Seebuck im Grüble entspringt, im Feldseewasserfall die Karwand hinunterstürzt und später, jenseits des Titisees, den Namen Gutach führt.

Vom See aus gingen wir weiter hinauf bis zum **Grüblesattel** und noch weiter hinauf, an der Oberen Wetterwarte vorbei, zum **Feldberggipfel.** Alfons meckerte: >>und wenn mich auf dem Berg der Höhenrausch packt, was dann?<< >>Da oben gibt es sicher eine Kneipe<<, meinte Edgar.

Nun ging es endlich wieder bergab bis zur **Todtnauer Hütte.** *Die Todtnauer Hütte ist eine Gastwirtschaft und ehemalige Herderhütte. Bereits im 16. Jahrhundert wurde sie als Vieh- und Herderhütte urkundlich genannt. Seit 2001 ist sie ein Berggasthof mit Pensionsbetrieb.* Von da aus ging es über Stufen bis zur **St. Wilhelmer Hütte.** *Die St. Wilhelmer Hütte ist eine der ältesten Viehhütten am Feldberg. Sie wurde von den St. Wilhelmer und Todtnauberger Bauern errichtet.*

Von der Hütte aus gingen wir wieder hinab bis wir den **Stübenwasen** erreichten Auf dem Bergrücken des **Stübenwasens** wanderten wir bis zum **Berggasthof Stübenwasen.** Hier machten wir die zweite Pause.

Es war höchste Zeit, denn ich musste dringend auf die Toilette. Als ich so da stand, sah ich ein Schild an der Wand: „Gehen Sie näher ran, er ist kürzer als Sie denken." Ich war viel zu müde um zu lachen, ging aber trotzdem näher ran.

Als ich in die Gaststube zurückkehrte waren weitere Gäste eingetroffen. An der Theke saß ein kräftiger Bursche, wahrscheinlich ein Holzmacher. Der Wirt kam an unseren Tisch, deutete auf den Burschen und erzählte uns, das sei der stärkste Mann im Schwarzwald. Dann holte er eine Zitrone aus der Küche und gab sie dem Burschen. Der drückte die Zitrone mit aller Kraft zusammen, bis nur noch die Schale übrig blieb. Er zeigte die Schale herum und meinte: >>wer jetzt noch einen Tropfen Saft herauspresst, dem zahle ich Hundert Euro.<< Benno stand auf, ging zum Tresen und nahm die Zitronenschale in die Hand. Dann drückte er kräftig zu und tatsächlich kam noch etwas Saft heraus. Total verblüfft sagte der stärkste Mann vom Schwarzwald: >>da war doch bestimmt ein Trick dabei.<< >>Kein Trick<<, sagte Benno, >>ich habe früher beim Finanzamt gearbeitet.<< Dann steckte er die Hundert Euro ein und kam zurück an unseren Tisch.

Nach der Pause gingen wir weiter bis zum **Waldhotel am Notschreipass.** Hier auf der **Passhöhe Notschrei** war auch das Etappenende und hier im Waldhotel wollten wir übernachten. *Der Notschrei hat den Namen vom Hilferuf der Wiesentäler Gemeinden, die wegen dem Hunger und der Armut eine bessere Verbindung nach Freiburg forderten. Ihr „Notschrei" wurde vom Großherzogtum Baden erst erhört, als die Wiesentäler offen mit der Badischen Revolution sympathisierten.*

Hier trafen wir auch auf den Dorfdeppen, der bei allen Wanderern bekannt war. Edgar erzählte uns: »wenn man ihm 1-Euro-Stück und ein 2-Euro-Stück hinhält nimmt er immer das 1-Euro-Stück. Probiert es mal aus.« Benno probierte es aus. Tatsächlich nahm der Bursche nur das 1-Euro-Stück. Auch andere Wanderer probierten das aus. Überall dasselbe. Ich hatte Mitleid mit dem Burschen und klärte ihn auf: »das 2-Euro-Stück ist doch mehr wert als das 1-Euro-Stück.« Der Bursche flüsterte: »ich bin doch nicht blöd. Wenn ich einmal das 2-Euro-Stück nehme, spielt keiner mehr das Spiel mit mir.<< Nun fragte ich mich, wer hier wohl der Depp war.

Zum Abendessen gab es Spezialitäten aus dem Schwarzwald. Ich sagte zu Alfons: >>du hast noch nie über das Essen gemeckert. Wie kommt das?<< Alfons: >>zuhause bekomme ich täglich denselben Mampf auf den Tisch geballert und das seit Wochen. Ich bin für jede Abwechslung dankbar.<<

Dann fragte er: >>wie viel Trinkgeld gibt man hier eigentlich?<< Edgar: >>wenn du zufrieden warst, 15 % von der Rechnung. Hatte der Kellner den Daumen in der Suppe, oder schüttet dir Soße in den Kragen, reichen auch 10 %. Wird er brutal und ausfällig, nur 5 %.<<

In der Nacht wachte ich von einem furchtbaren Keuchen und Stöhnen auf. Ob es hier wohl spukte? Ich öffnete vorsichtig die Tür und schaute in den Flur. Zwei glühende Augen starrten mich an. Nun fasste ich allen Mut zusammen und schaltete das Licht ein. Da sah ich die Bescherung. Die Hauskatze hatte den ganzen Flur vollgekotzt. Am nächsten Morgen glaubte der Wirt, einer von uns wäre der Übeltäter gewesen. Meinen Hinweis auf die Katze tat er mit den Worten ab: >>ja, ja, natürlich war`s mal wieder die Katze.<<

Am nächsten Tag, am Sonntag, wartete eine kürzere Etappe von nur 18 km auf uns. Deshalb verzichteten wir auf einen Ruhetag.

Beim Frühstück hörten wir plötzlich laute Musik. Vor dem Hotel stand die Feuerwehrkapelle und spielte ein Ständchen. Der Sohn des Wirtes hatte einen Marathon gewonnen und zu seinen Ehren spielte die Kapelle. Ich trat zum Wirt und fragte: >>warum kommt er nicht heraus und bedankt sich?<< >>Das geht nicht<<, meinte der Wirt, >>er muss doch die Trompete spielen.<<

11. Etappe Notschrei – Haldenhof

Von der **Passhöhe Notschrei** gingen wir am Sonntagmorgen weiter durch das idyllische **Langenbachtal** bis zum **Wiedener Eck.** Beim **Wiedener Eck** ging es gleich wieder bergauf, unter dem Skilift hindurch, vorbei am **Brünnele,** dann wieder den steilen Hang hinab zur **Krinne.**

Nach der **Krinne** mussten wir wieder steil hinauf durch eine Geröllrinne, dann im Zickzack bis zur Nordseite des **Belchens.** Hier waren wir nun etwa 400 Meter unterhalb des Gipfels. Diesen Aufstieg schafften wir auch noch und standen nun schwer atmend auf dem *Belchen. Der Name kommt aus dem keltischen und bedeutet etwa „Der Strahlende". Zusammen mit dem Elsässer Belchen (Ballon d'Alsace) und dem Schweizer Belchen bildet er das sogenannte Belchendreieck, von dem eine magische Kraft ausgehen soll.*

Nun gingen wir wieder auf einem schmalen Pfad hinab zur Bergstation und von dort zum **Belchenhaus.** Dort konnten wir endlich einkehren. >>Was gibt`s zu essen?<< fragte Benno die Wirtin. Die Wirtin antwortete: >>mal überlegen, was halten Sie von Filet

Mignon mit Soße Hollandaise, Butterkartöffelchen und Prinzessbohnen, dazu ein Glas Rotwein, Chateau Lafitte?<< >>Kling hervorragend<<, meinte Benno. >>Finde ich auch<<, meinte die Wirtin, >>leider gibt es aber nur Erbseneintopf und Apfelschorle.<<

Auf Eintopf waren wir nicht eingestellt. Deshalb entschieden wir uns für Kaffee und Kuchen. Als Benno in sein Kuchenstück hineinbiss, wackelten ihm sogar die Weisheitszähne. >>Sagen Sie mal<<, fragte er die junge Bedienung, >>wie alt ist denn der Kuchen?<< >>Also, wenn ich ehrlich sein soll, ich weiß es nicht. Ich habe hier erst vor 3 Monaten angefangen<<, flüsterte das Fräulein.

Nach der Pause stiegen wir wieder hinab, vorbei am **Rapsfelsen** bis zum **Hohkelchsattel.** Weiter ging es steil bergab, am Aussichtspunkt **Lönsmann-Platz** vorbei, bis zur Hütte an der **Richstatt.**

Hinter der **Dekan-Strohmeyer-Kapelle** gingen wir wieder in den Wald hinein und hinunter bis zum **Heubronner Eck**. *Die Dekan-Strohmeyer-Kapelle ist eine Gedächtniskapelle zu Ehren des ermordeten Pfarrherrn von St. Trudpert, Willibald Strohmeyer. Er wurde wenige Tage vor Kriegsende am Heu-*

Der ständig wehende Westwind hatte zwar für erträgliche Temperaturen gesorgt, aber durchgeschwitzt war ich doch und so langsam kam auch Frust auf. Einfacher gesagt: ich fand das Wandern zum kotzen. Der Satz: „Quäl dich du Sau", den sich Jan Ulrich mal anhören musste, half mir über die letzten Kilometer hinweg.

Nun führte der Weg wieder durch den Wald. Mitten im Wald trafen wir auf einen Bauern mit einem Arbeitspferd. Er wollte Baumstämme aus dem Wald herausziehen. Er rief: >>zieh Max, ziiiiieh.<< Das Pferd rührte sich nicht. Nun rief er: >>zieh Bruno, ziiiieh.<< Das Pferd rührte sich immer noch nicht. Nun rief er: >>zieh Seppl, ziiiieh.<< Und Seppl begann den Stamm aus dem Wald heraus zu ziehen. Ich fragte den Bauern, warum er verschiedene Namen gerufen hatte? >>Ach, wissen Sie,<< sagte der Bauer, >>mein Seppl ist ziemlich alt und sieht nicht mehr richtig. Wenn er merkt, dass er alleine ziehen soll, versucht er es erst gar nicht.<<

Nun ging es weiter hinab bis zum **Haldenhof**. Hier war das Ende dieser Etappe und wir freuten uns schon auf den **Berggasthof Haldenhof.** Zum Glück hatte sich der Himmel inzwischen etwas aufgeklärt und wir kamen bald aus unseren Regenklamotten heraus.

Diese steilen Aufstiege hatten uns nun doch sehr mitgenommen und wir wollten am Montag einen weiteren Ruhetag einlegen.

Zunächst aber stolperten wir mit den nassen Klamotten und den dreckigen Wanderstiefeln in die Gaststube hinein. Der Wirt verzog bei unserem Anblick kummervoll sein Gesicht und sah auf die Dreckbollen, die wir auf dem Boden hinterließen. Da wir aber die einzigen Gäste waren, riss er sich zusammen und hieß uns herzlich willkommen. Nach einer ausgiebigen Pause hatte sich auch meine Stimmung wieder gebessert.

Am Abend saßen wir in der Gaststube zusammen. Alfons, der schon einiges getrunken hatte, rief den Wirt herbei und sagte: »ich bin kein Mann vieler Worte, wenn ich mit dem Finger winke, kommen Sie her und bringen mir noch ein Bier.« Der Wirt war gut aufgelegt und antwortete: »mir geht es genauso, wenn ich den Kopf schüttle, komme ich nicht.«

Dann brachte der Wirt Fotos von seinem Neugeborenen und zeigte sie stolz herum: >>finden Sie auch, dass mir der Kleine ähnlich sieht?<< Alfons gehässig: >>doch, schon, aber nehmen Sie das nicht so tragisch, Hauptsache er ist gesund.<<

Zu später Stunde begann der Wirt Witze zu erzählen. Die Wirtin seufzte und nahm Strickzeug aus der Schublade. Dann begann sie zu stricken. Ich fragte sie: >>warum stricken Sie jetzt?<< Die Wirtin antwortete: >>ach wissen Sie, die Witze sind so alt, dass ich meine Hände beschäftigen muss, um ihn nicht zu erwürgen.<<

Inzwischen hatten wir herausgefunden, dass Edgar heute Geburtstag hatte. Wir wollten ihm ein Geburtstagsständchen bringen. Aber nichts abgedroschenes wie „Happy Birthday to you" sondern ein altes deutsches Geburtstagslied. Wir standen auf und legten los:

Wir singen dem Edgar ein Lied, ein Lied.
Wir singen dem Edgar ein Lied, ein Lied.
Du altes Arschloch,
du lebst ja auch noch,
du blöder Idiot,
dich schlag ich auch noch tot.

An diesem Abend wurde es sehr spät. Erst lange nach Mitternacht gingen wir auf unsere Zimmer.

12. Etappe Haldenhof - Kandern

Am Dienstagmorgen sagte Edgar, mein Zimmergenosse: >>du, meine Socken sind zerbrochen, kannst du mir aushelfen?<< >>Klar doch<<, sagte ich, >>nimm solange meine, die stehen unterm Bett.<<

Nun begannen wir die vorletzte Etappe. Diese war mit 20 km nicht so lang und bis auf zwei Anstiege ging es nur noch abwärts. Ich sah, wie Alfons einen faulen Apfel aß und fragte ihn: >>warum isst du eigentlich einen fauligen Apfel?<< Alfons: >>als ich anfing, war er noch frisch.<<

Benno hatte vom Vortag noch einen rauen Hals und ich gab ihm ein Hustenbonbon. >>Schmeckt es?<< fragte ich. >>Oh ja<<, meinte Benno. >>Komisch<<, sagte ich, >>der Hund vom Pensionswirt hat es wieder ausgespuckt.<<

Zunächst ging es auf einem Wiesenweg aufwärts bis zum **Waldparkplatz Kreuzweg**. Dann gingen wir auf einem Forstweg bis zum **Spähnplatz** und weiter bis zum **Stühle**. Wir gingen wie immer hintereinander. Edgar machte den Anfang und ich war der Zweite in der Reihe. Hinter mir kam Alfons und am

Ende, Benno. Plötzlich flog mir etwas in den Mund. Ich musste würgen und husten, drehte den Kopf nach links und spuckte aus. Alfons, der gerade an mir vorbei wollte, bekam die Spucke mitten ins Gesicht. Er behauptete später, ich hätte das mit Absicht getan.

Bald erreichten wir die Schutzhütte. Die sah aber eher aus, wie ein Buswartehäuschen. Auf dem Boden lagen Scherben von Wodkaflaschen, leere Zigarettenschachteln und Verpackungen von Sechserpack Bier. Eigentlich nichts ungewöhnliches, denn so sah es bald in jeder Schutzhütte aus.

Nach der **Stühle-Hütte** gingen wir wieder abwärts bis zum **Müllheimer Egerten**. Hier erzählte uns Edgar die Geschichte von **Todtmoos**, das ganz in der Nähe lag.

Ein Einsiedler im Schwarzwald hörte öfters einen schönen Gesang, ohne entdecken zu können, wo derselbe herrührte. Nachdem er deshalb heftig gebetet hatte, ging er einmal dem Gesang nach und kam zu einer Tanne, in deren Stamm ein hölzernes Marienbild war. Er verehrte es gottesfürchtig und erzählte davon in der ganzen Gegend. Daraufhin pilgerten viele Gläubige zu dem Baum und opferten so viel, dass in der Nähe eine Kapelle erbaut werden konnte. Auf den Altar der Kapelle stellte der Einsiedler verschiedene Male das Bild, aber von selbst kehrte es immer wieder in die Tanne zurück. Da ließ er es endlich darin und als die Wallfahrten und Opfer immer mehr zunahmen, über die Tanne eine schöne Kirche bauen. Bei dieser Kirche entstand nach und nach das Dorf Todtmoos.

Eine ähnliche Geschichte erzählt von der Entstehung der Todtmooser Wallfahrt. Vor langen Zeiten war dort ein Sumpf, der wegen seiner Tödlichen Ausdünstung das Todtmoos hieß. Später siedelten sich in den Wäldern um den Sumpf mehrere Waldarbeiter und Holzhauer an. Als einer der Holzhauer am Sumpf eine Tanne fällen wollte, rief ihm aus ihr eine Stimme dreimal zu: „Halt ein." Er fragte, was sie wolle, worauf sie erwiderte: „Sage den Leuten, dass sie hier zu Ehren der Mutter Gottes eine Kapelle bauen sollen." Nachdem der Holzhauer dies einem Priester erzählte, untersuchte der Priester den Baum und fand darin ein kleines hölzernes Vesperbild. Dieses kam dann auf den Altar der Kapelle, die man neben dem Tannenbaum errichtete. Bald *wurde dahin gepilgert und es geschahen bei dem Bild viele Wunder. Leider sind das Bild und die Tanne heute nicht mehr vorhanden. Das Bild wurde aber durch eine Nachbildung in lebensgroßen Gestalten ersetzt.*

Nun wanderten wir weiter auf dem **Stockbergweg** und dann um den **Stockberg** herum hinauf auf den **Stockbergsattel**. *Auf dem Stockberg stand einst die am höchsten gelegene Burg von Baden-Württemberg. Heute sind nur noch einige Mauerreste erhalten.*

Schon wieder zogen tiefhängende Wolken und Nebelfetzen aus den Tälern herauf. Der blaue Himmel, der uns die ganze Zeit begleitete, hatte sich hinter großen dicken Schauerwolken versteckt. Es wurde immer stiller. Selbst die Vögel waren verstummt. Nur das Knirschen von Sand unter unseren Stiefeln war noch vernehmbar. Und schon begann es leicht zu nieseln.

Bald wurde der Regen stärker und wir mussten wieder unser Regenzeug überziehen. Inzwischen zog auch noch ein Gewitter herauf und wir gingen schneller, bis wir die nächste Schutzhütte erreichten. Dort ruhten wir uns etwas aus und warteten, bis das Gewitter vorübergezogen war.

Dann stapften wir weiter durch Regenpfützen zum **Fischersbrunnsattel** und dann durch die Nordflanke des **Blauen** auf einem steinigen Pfad aufwärts bis zum **Blauenturm.** Von der Plattform aus hatten wir einen grandiosen Rundblick bis zu den Vogesen und den Schweizer Alpen.

Ich stellte meinen Rucksack auf den Boden, weil ich ein paar Fotos machen wollte. Dann wandte ich mich an einen anderen Wanderer neben mir und fragte: »könnten Sie mal kurz auf meinen Rucksack aufpassen?« Der Mann empörte sich: »erlauben Sie mal, ich bin Bankdirektor.« »Macht nichts«, sagte ich, »ich vertraue Ihnen trotzdem.«

Vom **Blauenturm** aus gingen wir weiter zum **Blauenhaus**, wieder einige Treppen hinab bis zur **Hütte am Hexenplatz**.

Die Wolken, die am Abend zuvor über den Himmel gezogen waren, hatten sich zu einer dichten, schwarzen Decke zusammengeballt. Vom pechschwarzen Himmel peitschte der Regen herab, trommelte auf das Dach der Schutzhütte, strömte in die Dachrinnen und

Fallrohre und lief gurgelnd in den Wassergraben neben dem Weg.

Noch während der Regen herabströmte, Donner grollte und Blitze aufzuckten, überlegten wir, wie wir die Etappe fortsetzen konnten.

Nachdem der stärkste Regen vorbei war gingen wir auf dem Hexenplatzweg weiter. Vor uns ging ein Bauer mit einem Schwein an der Leine. Er machte keinen Platz und wir mussten uns an ihm vorbeizwängen. Dabei streifte ich die Sau und verschmierte mir die Hose. Verärgert drehte ich mich um und fragte: »seit wann gehst du mit einem Esel spazieren?« Der Bauer rief empört: »das ist doch ein Schwein, du Blödmann.« Ich rief zurück: »mit dir habe ich doch gar nicht gesprochen.« Während der Bauer weiter hinter uns her trampelte schimpfte er, aber im Dialekt. Ich verstand kein Wort und fragte Edgar: »was hat er gesagt?« Edgar: »wenn ich die Schimpfwörter weglasse – kein Wort.«

Bald erreichten wir den Parkplatz **Lindenbückle.** Vom Parkplatz zweigte ein Weg ab zum **Barockschloss Bürgeln.** Diesem Weg folgten wir. *Das Schloss wurde einst von den Herren von Kaltenbach als Burg erbaut. Spä-*

ter gelangte es in den Besitz des Benedikti-nerordens und wurde durch Kriege mehrmals zerstört. Heute erinnert nur noch ein schlichtes kleines Schloss an den einstigen Prachtbau.

Nach dem kurzen Abstecher gingen wir wieder zurück zum **Lindenbückle**. Vorbei am **Haus Lindenbückle** führte der Weg nun steil den Berg hinauf zur **Sausenburg.** *Die Sausenburg wurde von Markgraf Hermann der Jüngere von Hochberg erbaut. Vorbild dafür war die Zähringerburg bei Freiburg. Im Holländischen Krieg wurde die Burg von den Franzosen zerstört.*

Von der **Sausenburg** ging es nun abwärts bis zur **Langenebene-Hütte.** Von dort weiter einen leichten Anstieg auf dem **Mohrensattelweg** bis zum **Mohrensattel.** Bald erreichten wir **Heißbühl.** Von dort aus hatten wir einen schönen Blick auf **Kandern**, unserem Etappenziel.

Die letzten Schritte fielen immer leichter. Plötzlich kam ein Reh aus dem Gebüsch und blieb mitten auf dem Weg stehen. Es glotzte mich an. Ich glotzte zurück und ging langsam auf das Reh zu. Als ich nur noch 2 Meter entfernt war, machte es einen Satz und verschwand im Unterholz. Bald erreichten wir den Ortseingang von **Kandern** und schließlich das Etappenziel beim **Blumenplatz Kandern.**

Alfons Schnürsenkel hatte sich gelöst und er hielt einen Passanten an: >>trinken Sie?<< >>Nein, warum?<< fragte der verdutzt. Alfons: >>dann halten Sie mal meinen Flachmann, bis ich mir meinen Wanderstiefel zugebunden habe.<< Der Passant war so perplex, dass er tatsächlich auf Alfons Flachmann aufpasste.

Bevor wir die Pension erreichten, kamen wir an einem sündhaft teuren Restaurant vorbei. Wir wollten eigentlich nicht, aber Benno schleppte uns hinein. Benno rief auch gleich den Kellner: >>ich bin nicht sehr hungrig, bringen sie mir das Menü zu 15 Euro.<< >>Sehr wohl mein Herr<<, sagte der Kellner, >>wollen Sie den Kaffee mit oder ohne Sahne?<< >>Das überlege ich mir, während ich esse<<, meinte Benno. >>Das muss ein Missverständnis sein<<, meinte der Ober hochnäsig, >>Kaffee ist das Menü zu 15 Euro.<<

Meine Bitte um ein Glas Wasser löste bei dem Kellner einen Lachanfall aus, von dem er sich nur mühsam erholte. So schnell waren wir noch nie aus einem Restaurant wieder rausgegangen.

Von der Wanderung noch müde zogen wir uns in die Bauernstube der Pension zurück. Hier blieben wir den ganzen Abend.

Der Wirt bot uns zum Abendessen Nutria an, eine Spezialität des Hauses. Inzwischen konnte uns nichts mehr erschüttern und wir waren einverstanden. Was uns der Wirt nicht sagte, Nutria ist eine Biberratte. Das fanden wir erst später heraus.

Der Wirt brachte einen Teller nach dem anderen und bei jedem Teller, den er hinstellte, sagte er: >>Miiiiau.<< Das war vielleicht ein Spaßvogel. Allerdings sahen wir von da an die Hauskatze nicht mehr.

Spät am Abend hörten wir plötzlich lautes Motorengeräusch und ohrenbetäubendes Klirren. Leicht geschockt stand der Schachtlinger-Bauer mit seinem Traktor in der Gaststube. Er hatte Hauswand und Fensterscheiben durchbrochen. Der Wirt stürmte hinter seiner Theke hervor und wollte den Bauern zur Rede stellen. Doch der Schachtlinger drehte geistesgegenwärtig den Spieß um und fragte, wie aus der Pistole geschossen: >>Tschuldigung, i mecht gern wissen, wie i von do nach

Basel kumm.<< >>Ja mei<<, stammelte der verblüffte Wirt,<< da fahrens am Besten noch durchs Nebenzimmer und an den Toiletten vorbei, dann alleweil gradaus weiter.<<

13. Etappe Kandern - Basel

Die letzte Etappe von **Kandern** nach **Basel** würde uns noch einmal alles abverlangen. Auf 26 km hatten wir es mit ständig wechselnden Auf- und Abstiegen zu tun. Aber diese Etappe würden wir auch noch schaffen.

Am frühen Mittwochmorgen gingen wir am **Blumenplatz** los. Benno, der schon mal in Kandern war, überredete uns zu einer Abkürzung. Dabei würden wir gut 7 bis 8 Kilometer sparen und könnten dafür länger einkehren. Benno übernahm die Führung und wir Trottel gingen gutgläubig hinterher. Nach zwei Stunden und gefühlten 10 Kilometern tauchten die ersten Häuser auf. Die kamen uns sehr bekannt vor. Wir waren wieder in **Kandern.** Benno hatte uns auf einen Rundwanderweg geführt und uns war nichts aufgefallen.

Also starteten wir erneut am **Blumenplatz.** Diesmal hielten wir uns aber an die Wanderkarten und gingen, vorbei an der **Fischermühle** über den **Papierweg** bis zur **Kanderbrücke**. Nun überquerten wir die Gleise der **Kandertalbahn** und gingen einen steilen Pfad die **Kanderhalde** hinauf bis zum Eingang in die **Wolfsschlucht.** Auf einem engen Pfad durchquerten wir die **Wolfsschlucht**. *Nach der Legende, sollen in der Wolfsschlucht einst Wölfe gefangen worden sein.*

Beim Ausstieg aus der Schlucht ging es im Zickzack nach oben bis zur Aussichtsplattform. Auf der Plattform standen einige Wanderer mit ihrem Führer. Edgar trat nach vorn und fragte den Führer: >>warum steht an diesem gefährlichen Abgrund kein Warnschild?<< Der antwortete: >>das haben wir vor einer Woche abgebaut, weil sowieso keiner runtergefallen ist.<<

Von dort oben ging es nun wieder im Zickzack den steilen Hang hinab. Nun verließen wir den Schwarzwald und erreichten **Hammerstein.**

Wieder mussten wir eine Brücke und Bahngleise überqueren und erreichten das **Gasthaus Bahnhöfli.** Vor der Gaststätte stand ein blinder Bettler und hielt seine Bettelschale hin. >>Hier guter Mann, sind 50 Cent<<, sagte ich. >>Moment mal, das sind nur 10 Cent<<, protestierte der Bettler. >>Ja hallo<<, meinte ich, >>können Sie etwa sehen?<< >>Ja schon<<, meinte der Bettler, >>ich mache nur die Vertretung. Der Blinde ist ins Kino gegangen.<<

Im **Bahnhöfli** machten wir unsere verdiente Vesperpause. Der Wirt wunderte sich, dass heute so wenige Leute da sind, schließlich hatte er Schlachtfest und da war eigentlich immer was los. Ich machte ihn darauf aufmerksam, dass an der Vordertür das Schild „Heute Ruhetag" hängt. Der Wirt rannte sofort hinaus, riss das Schild herunter und verschwand schimpfend in der Küche. Nach der Pause gingen wir weiter bis **Egisholz**. Wir kamen am **Rüttehof** vorbei und gingen weiter zur **Baselblickhütte**. Nun ging es wieder abwärts bis **Wollbach.**

Von **Wollbach** ging es weiter bis zum Wanderparkplatz **Kleeplatz.** Von dort gingen wir weiter über einen steilen Aufstieg bis zur **Burgruine Rötteln**. Von dort wurde früher das Tal kontrolliert, bewacht und wenn nötig auch gesperrt. In der **Burgschenke** konnten wir endlich die nächste Pause einlegen.

Die Burgruine Rötteln zählt zu den größten Burganlagen von Süddeutschland. Sie ist das Wahrzeichen der Stadt Lörrach. Erbaut wurde sie von den Herren zu Rötteln. Im 14. Jahrhundert wurde sie durch das Baseler

Erdbeben stark beschädigt. In der Nachfolgezeit wurde sie zu ihrer heutigen Größe ausgebaut. Der Dreißigjährige Krieg hinterließ große Schäden. Während des holländischen Krieges brannte ein Französisches Heer die Burg vollständig nieder.

Durch das **Untertor** verließen wir die Burg und folgten der Straße bis zum **Felsportal.** Die Abzweigung zur **Kirche Rötteln** ließen wir rechts liegen und gingen weiter bis **Tumringen.** Von dort aus ging es weiter bis zur **Daurhütte**, benannt nach dem südbadischen Maler Albert Hermann Daur. Und weiter ging es bis zur **Tüllinger Höhe.**

Wir kamen am Sendemast vorbei und erreichten bald die **Ottilienkirche.** *Die Kirche gilt als ein mystischer Ort. Auf einem Fresko sind die drei Frauen Ottilie, Crischona und Margarete am Grab Christi abgebildet.*

Nun ging es wieder steil hinab und bald überquerten wir die Grenze zur Schweiz. In der Schweiz fanden wir nicht mehr überall die roten Rauten. Hier galten auch die gelben Rauten und die kleinen Wegweiser mit der Aufschrift: Wanderweg. Nun, auf dem letzten Stück würden wir uns wohl nicht mehr verlaufen. Auf unserer Wanderung sahen wir manchen verlassenen und heruntergekommenen Stall, der zum Verkauf angeboten wurde. Aber Käufer dürften die Besitzer nicht so leicht finden. Wer ist schon bereit, für solch eine alte Hütte 100000 Franken und dann noch viel mehr in den Umbau zu investieren.

Der Weg führte nun zwischen Kuhweiden hindurch. Eine Kuh hatte wohl ein Loch im Zaun gefunden und lief vor uns her. Links und rechts waren Zäune und vorbei konnten wir auch nicht gehen. Wir trotteten hinter der Kuh her bis wir an eine Weggabelung kamen. Nun schauten wir, welchen Weg die Kuh nahm und entschieden uns für den anderen. Leider blieb die Kuh auf dem Hauptweg und wir mussten einen Umweg in Kauf nehmen. Als Tierfreunde taten wir das aber gern.

Bald darauf kamen wir an einem Bauern vorbei, der in Körben Obst und Gemüse zum Kauf anbot. Benno deutete auf einen Gemüsekorb und fragte den Bauern: >>was sind denn das für runde Dinger?<< Der Bauer verschmitzt: >>das sind runde Gurken, meine neueste Züchtung. Das Dumme ist, sie schmecken wie Kartoffeln.<< Na so was, wir hatten uns von einem Bauern verarschen lassen. Trotzdem fragte ich den Bauern, ob er uns nicht eine alte Geschichte erzählen könnte. Er runzelte die Stirn, überlegte eine Weile und dann deutete er auf rote Flecke auf seiner Wiese:

Hier hat mal ein Mäher einem Metzger mit der Sense den Kopf abgeschlagen und dann seine Geldbörse geraubt. Kopf und Leib des Metzgers verscharrte der Mäher in der Wiese. Doch immer, wenn er an dieser Stelle das Gras mähte, blutete das Gras.

Nun wurde uns der Bauer doch etwas unheimlich und wir gingen schnell weiter. Er rief uns hinterher: »ich hab noch mehr schaurige Geschichten.« Aber unser Bedarf war für heute gedeckt.

Obwohl der Westweg hier auf der ursprünglichen Strecke verläuft, findet man fast keinen Wegzeichen mehr. Es gibt wohl Wanderer, die die Markierungen als Souvenir abschrauben. Insbesondere auf den letzten Kilometern vor Basel. An einigen Bäumen steckten nur noch die Nägel. Wir fragten uns öfters, ob wir noch auf dem richtigen Weg waren.

Als wir die **Wiesebrücke** überquerten, waren wir endlich wieder sicher, dass wir uns nicht verlaufen hatten. Nun gingen wir einige Kilometer auf dem **Wiesedamm** entlang. Wir kamen am **Erlensteg** vorbei. Dann tauchte der **Weihersteg** auf und schließlich der **Eiserne Steg.**

Auf einer Wiese am Fluss weideten Kühe. Alle hatten große Glocken um den Hals. Benno fragte: >>warum tragen die Kühe eigentlich Glocken um den Hals?<< Edgar: >>damit sie beim Fressen nicht einschlafen.<<

Unter der Eisenbahnbrücke hindurch kamen wir in den **Tierpark Lange Erlen**. Am Eingang zum Tierpark war ein großes Schild: „Wir füttern unsere Tiere ausreichend. Ihr mitgebrachtes Tierfutter ist Gift. Geben Sie es dem Tierpfleger."

Hinter dem Kassenhäuschen stand ein Kiosk, in dem trotzdem Tierfutter verkauft wurde. Zehn Meter weiter kam wieder ein Schild mit der Aufschrift: „Das füttern der Tiere ist verboten." Gab es bis dahin noch Zweifel, waren wir nun sicher – wir waren in der Schweiz.

Vom Tierpark aus war es nicht mehr weit und wir erreichten bald den **Badischen**

Bahnhof Basel, unser Etappenende. Plötzlich fuhr ein Schweizer Reservist auf dem Fahrrad an uns vorbei, riss seine rechte Hand hoch, legte sie an seine Mütze und grüßte zackig unseren Benno. Benno, der einen olivgrüne Hose, eine olivgrüne Jacke und einen Hut derselben Farbe trug, war überrascht. Kurz darauf kam uns ein Soldat zu Fuß entgegen. Auch er grüßte ehrfürchtig unseren Benno. Die Soldaten hielten ihn wohl für einen Offizier der Schweizer Armee. Benno grüßte lässig zurück und stolzierte weiter.

Wir konnten es kaum glauben, aber wir hatten es geschafft. Den Donnerstag wollten wir noch in **Basel** verbringen und erst am Freitag mit dem Zug nach Hause fahren.

Endstation Basel

Hotels gab es in Basel genug, aber die waren uns zu teuer. Endlich fanden wir eine kleine Pension, die uns zusagte. Der Wirt verlangte auch nur 50 Franken für die Nacht. Wir quartierten uns ein und verbrachten den Abend im Restaurant. Ich fragte mich, warum die Pension so billig war. Als ich das erste mal zur Toilette musste, ging mir ein Licht auf. Ich ging an den Tisch zurück und sagte: >>jetzt weiß ich, warum hier die Übernachtung so billig ist.<< Fragend sahen mich die anderen an. >>Nun mach es nicht so spannend<<, sagte Benno, >>warum?<< Ich stand auf und meinte demonstrativ: >>die Klotür öffnet sich erst, wenn man ein 5-Franken-Stück einwirft.<<

Am Abend saßen wir gemütlich beisammen. Edgar wollte mit seinen Sprachkenntnissen angeben und bestellte ein „Tschumpeli Dohl". Wir waren gespannt, was er bekommen würde. Nach kurzer Zeit servierte die Kellnerin Edgar ein Gläschen Rotwein (Dole). Benno, der ebenfalls etwas schweizerisch beherrschte, bestellte eine „Stange". Wir dachten, jetzt bringt die Kellnerin eine Salzstange. Weit gefehlt. Sie brachte Benno nur ein Bier.

Alfons wollte zum Abendessen unbedingt ein Filet Mignon. Bald darauf kam sein Essen. Das Filet war so groß wie ein 5-Franken-Stück. Alfons protestierte: >>das soll ein Filet sein? Dass ich nicht lache.<< Die Kellnerin flehte: >>bitte lachen Sie, die anderen Gäste haben bis jetzt immer Krach geschlagen.<<

Am späten Abend kam der Wirt an den Tisch und fragte Alfons: >>nun, wie war das Essen?<< Alfons: >>ich habe schon mal besser gegessen.<< >>Aber bestimmt nicht bei mir<<, meinte der Wirt.

Dann fragte er Benno, wie der das Essen fand? Benno: >>das Essen war gut, ich habe auch schon besser gegessen, aber selten...... ganz selten.......schlechter.<<

Nun mischte sich auch noch Edgar ein: >>als Wirt gibt es viele Möglichkeiten zu Geld zu kommen, aber eigentlich nur eine, die anständig ist.<< Wirt: >>und welche ist das?<< Edgar: >>dachte ich mir doch, dass Sie die nicht kennen.<<

Zum Glück verstand der Wirt Spaß, sonst hätte er uns noch am Abend rausgeworfen.

Am nächsten Morgen trafen wir uns zum Frühstück. Edgar wollte unbedingt ein Müsli. Der Wirt lachte sich schier kaputt und sagte: >>ein Müsli ist eine kleine Maus. Sie meinten sicher ein Müesli?<< Edgar verärgert: >>wo ist denn da der Unterschied?<<

Am Nachmittag wollten wir verschiedene Einrichtungen besichtigen. Da war einmal das **Antikenmuseum** mit griechischen, ägyptischen und römischen Kunstwerken.

Dann die **Skulpturhalle Basel** mit Abgüssen von antiken Plastiken.

Auch die **Fondation Beyeler** mit Bildern von Monet, Cezanne, van Gogh, Picasso und Andy Warhol war interessant.

Oder das **Historische Museum Barfüßerkirche** mit Münsterschatz und Münzkabinett.

Oder das **Kunstmuseum Basel** mit Bildern, Zeichnungen und Grafiken von berühmten Künstlern.

Dann war da noch das **Museum der Kulturen**, das **Naturhistorische Museum**, das **Jüdische Museum** der Schweiz oder das **Schweizer Sportmuseum**. Die Auswahl war sehr groß und daher schwierig.

Dann waren da ja auch noch der **Zoo** und der **Botanische Garten** und eine **Schifffahrt** auf dem Rhein stand auch noch auf dem Programm.

Wenn wir das alles schaffen wollten, mussten wir uns aufteilen. Damit alles korrekt zuging losten wir aus, wer was besuchen sollte.

Edgar der Lehrer besuchte das **Historische Museum** und das **Museum der Kulturen**. Alfons der Techniker ging in den **Zoo** und besuchte seine Verwandten, dann besuchte er noch den **Botanischen Garten.** Benno der Künstler besuchte die **Fondation Beyeler** und das **Kunstmuseum.** Und mir blieb die **Schifffahrt** auf dem Rhein.

Nach der Schifffahrt entdeckte ich mitten in der Stadt ein neues Schwimmbad. Das war ein Bad, in dem man von kleinen Fischen umgeben ist, die tote Hautfetzen vom Körper abzupfen. Ich tauchte also ins Wasser ein und trieb – auf dem Rücken liegend – an der Oberfläche. So diente ich den Fischen als menschliches Buffet. Von den Fischen spürte ich übrigens gar nichts. Nach einer Viertelstunde fiel mir plötzlich auf, dass einige Fische leblos um mich herum an der Wasseroberfläche trieben. Die waren wohl verreckt. Ich verließ schnell das Becken und das Bad, bevor jemand auf mich aufmerksam wurde.

Wenig später betrat ich ein großes Kaufhaus. Ich brauchte dringend Rasierwasser und suchte die Kosmetikabteilung. Da sah ich ein hübsches Fräulein inmitten von Parfümfläschchen. Hier war ich richtig. Das Fräulein war sehr freundlich und fragte: »was hätten Sie denn gerne?« Ich sagte, ebenso freundlich: »eine Million, eine Jacht, einen Ferrari und Sie.« »Aha«, meinte sie, nun weniger freundlich, »und was brauchen Sie?« »Rasierwasser«, meinte ich verlegen.

Als ich die Abteilung verließ musste ich dringend auf die Toilette. Das konnte ich ja gleich hier im Kaufhaus erledigen. Als ich das Örtchen wieder verlassen wollte, konnte ich die Tür nicht mehr öffnen. Bei der Vorstellung, über Nacht hier eingesperrt zu bleiben, geriet ich in Panik. Ich trommelte mit beiden Fäusten gegen die Tür und schrie laut um Hilfe. Der Sicherheitsdienst des Kaufhauses und etliche Schaulustige kamen schnell herbeigeeilt. Erst da merkte ich, dass ich bei der Tür anstatt zu drücken nur kurz zu ziehen brauchte. Ich ging schnell aus dem Kaufhaus und war mir sicher, dass ich in diesem Leben wohl nicht mehr nach Basel kommen würde.

Als ich wieder auf die Straße trat fragte ich einen Basler: >>können Sie mir sagen wo die Straßenbahn Linie 3 fährt?<< >>Kann ich<<, meinte der Basler, >>wenn Sie nicht gleich von den Schienen runtergehen, fährt sie Ihnen ins Kreuz.<<

Ich sprang schnell auf die andere Straßenseite. Dabei hatte ich immer noch die Quittung von der Drogerie in der Hand. Ich zerknüllte das Papier und warf es achtlos auf die Straße. Ich hatte aber ganz vergessen, ich war ja in der Schweiz. Ein Polizist hatte mich beobachtet, kam heran und sagte: >>das ischt verboten, Das koschtet 5 Franken Strafe.<< Zähneknirschend bezahlte ich. Der Polizist stellte ordnungsgemäß eine Quittung aus. >>Was soll ich mit dem blöden Wisch<<, sagte ich verärgert. >>Den können Sie wegwerfen<<, meinte der Polizist und ging davon.

Inzwischen kam ich an einem Bordell vorbei und wen sah ich da stehen? Edgar, Alfons und Benno. Es herrschte reger Betrieb und die Drei bemerkten mich erst, als ich vor ihnen stand. >>Na<<, sagte ich, >>wolltet ihr nicht ins Museum und in den Zoo und in den Botanischen Garten?<< Die Drei sahen mich wie ertappte Sünder an.

Nun gingen wir gemeinsam weiter. Vor einem Geschäft mit großen Schaufenstern blieben wir stehen. Darin waren lauter alte Sachen zu sehen. Möbel, Musikinstrumente, Porzellan, Schmuck, Trödel, Ramsch und Krempel. Über dem Eingang stand in großen Buchstaben: An- und Verkauf. Benno ging hinein und fragte den Händler: >>was kaufen Sie?<< Der Händler: >>altes Gerümpel.<< Benno: >>und was verkaufen Sie?<< Der schlitzohrige Händler: >>kostbare Antiquitäten.<<

Unterwegs sagte Edgar: >>nun weiß ich, was ich meiner Frau aus dem Schwarzwald mitbringe, viel Speck.<<   >>Geräucherten?<< fragte ich. >>Nein, Hüftspeck<<, antwortete Edgar.

Am Freitagmorgen, kurz vor unserer Abreise, setzten wir uns nochmal zusammen und ich sagte: >>im nächsten Jahr machen wir den **Jakobsweg** nach **Santiago de Compostela**. Dafür müssen wir aber 30 Tage einplanen, oder 40, oder 50 oder mehr. Das sind ja nur etwa 800 Kilometer. Und im Jahr darauf reisen wir in die USA. Dort gibt es Fernwanderwege, die durch mehrere Nationalparks führen und insgesamt 4000 Kilometer lang sind.<< Meine Kameraden nickten alle mit dem Kopf und dachten: jetzt ist er total verrückt geworden. Nun meinte Edgar: >>warum machen wir nicht gleich den **Continental-Divide-Trail,** der geht quer durch die USA von der Ostküste bis zur Westküste über ca. 6000 Kilometer?<< Ich glaube, das hatte er nicht ernst gemeint, aber einige Zweifel blieben.

Der Wirt verabschiedete sich freundlich und sagte immer wieder „merci mon ami“. Alfons, der kein französisch verstand, fragte mich, was das bedeutet. Ich sagte ihm: >>das bedeutet „leck mich am Arsch“.<< Alfons, der das auch noch glaubte, rannte sofort zurück und rief zum Wirt: >>du kannst mich auch am Arsch lecken.<< Der Wirt hob drohend die Faust und schimpfte uns hinterher. Das war unser letzter Eindruck von der Schweiz.

Apropos Wanderer. Nicht jeder Wanderer ist gleich Wanderer. Es gibt verschiedene Typen.

Da sind einmal die **Profi-Wanderer.** Sie kennen nicht nur die Fernwanderwege, sondern auch jeden Querweg. Sie sind Kilometerfresser und gehen 20 Kilometer gerade mal zum aufwärmen. Unter 50 Kilometern Wanderstrecke läuft da gar nichts.

Dann haben wir die **Gelegenheitswanderer**. Sie sind meistens am 1. Mai oder am Vatertag unterwegs. Sie wandern höchstens 10 Kilometer (2 Stunden) und sitzen dann 6 Stunden im Wirtshaus.

Es gibt auch **Nachtwanderer.** Sie haben Taschenlampen (mit Stirnband am Kopf befestigt) und leuchtende Wanderstöcke. Sie sind meistens auf Landstraßen unterwegs und werden von heimkehrenden Discobesuchern reihenweise umgemäht. Nachtwandern gehört zu den gefährlichsten Sportarten.

Bei Dunkelheit in gleichfarbigen Jacken auf Wanderschaft zu gehen ist eine Sportart, die aus Skandinavien importiert wurde. Dort gibt es schon 200000 Nachtwanderer. Bei uns wurde das erstmals bei der Bundeswehr eingeführt und ist bei den Rekruten nicht gerade beliebt.

Seit einiger Zeit gibt es nun auch noch die **Nacktwanderer**. Sie sind unterwegs, nur mit Rucksack und Wanderstiefeln. Sonst tragen sie nichts. Bei ihrem Anblick erschrecken die Rehe und Hirsche und verschwinden im tiefen Wald.

In der Schweiz wurde das Nacktwandern teilweise verboten. Im Kanton Appenzell wurden bereits Verbotsschilder aufgestellt. Diese zeigen einen nackten Wanderer umgeben von einem roten Kreis.

In Deutschland gibt es noch keine speziellen Nacktwanderwege. Wir haben damit keine Probleme und werden weiterhin vollständig bekleidet wandern und wir lassen uns das auch nicht verbieten.

Inzwischen gibt es auch **Barfußwandern.** Da braucht man eine dicke Hornhaut auf den Fußsohlen.

Auch **Kinderwagenwandern** ist im Angebot. Diese Wanderungen werden aber nur auf guten Wegen durchgeführt und gehen nur über 5 bis 6 Kilometer.

Zuletzt gibt es noch die **lustigen Wanderer**, die alles nichts so ernst nehmen. Das sind wir. Wenn wir anmarschiert kommen, flüchten sogar Wölfe und Bären aus dem Wald. Jedenfalls haben wir in den letzten zwei Wochen keine gesehen.

Weitere Bücher des Autors:

- Ein Schlemihl mit zwei linken Füßen

- Schlemihl`s Kapriolen

- Die heimliche Galerie

- Die Königin von Eschnapur

- Schlemihl und Schlimasl

- Maghrebiner und Muselmanen

- Purzel und seine Freunde

- Mein cooles Bike